1페이지
공부법

한 번 정리로 수능 과목이
머릿속에 통째로 복사되는

1페이지
공부법

홍민영 지음

비에이블
B.able

공부는 미래의 나를 위한 준비다

대학 입시를 향한 긴 여정의 끝에 나는 놀랍게도 '2020학년도 수능 만점자'라는 타이틀을 얻었다. 수능 시험을 치르러 가는 순간까지도 내가 만점을 받을 거라는 생각은 전혀 하지 못했다. 사실 나는 수시 전형 위주로 대학 입시를 준비하던 '진성 수시 파이터'였다.

본격적으로 수능 공부를 시작한 것은 고등학교 3학년으로 올라가는 겨울방학 때부터였다. 그마저도 3학년 1학기 때는 내신을 챙기느라 바빠서 사실상 수능을 온전히 준비한 기간은 겨울방학 두 달과 7월부터 11월까지 다섯 달을 합쳐서 총 일곱 달 정도였다.

'고작 7개월 준비했는데 수능에서 좋은 성적을 받을 수 있을까?'

수능 시험장에 들어서면서도 이런 불안한 마음은 가시지 않았다.

하지만 시험장에 들어가던 내게는 스스로 만들어낸 강력한 무기가 있었다. 바로 모든 수능 과목을 A4용지 크기의 종이 1장에 정리한 나만의 '1페이지 압축 노트'였다. 수능 시험을 준비하는 동안 몇 번이고 틀렸던 문제의 요점, 반드시 시험에 나올 거라고 확신했던 내용, 마지막까지 암기해야 했던 공식까지…. 7개월의 모든 노력이 과목별 1페이지로 정리되어 있었다.

수능 성적표를 받아 든 뒤, 나는 이 공부법이 바로 나조차 믿기지 않는 '수능 만점'이라는 결과를 가져다주었다는 사실을 확신했다.

처음에 책을 써보는 게 어떻겠냐는 출판사의 요청을 받았을 때 망설여지는 마음도 있었다. 어쩌면 이렇게 '1페이지로 압축하는 공부법'이 나에게만 통하는 건 아닐까 하는 생각에서였다. MBC 〈공부가머니?〉 방송에 나갈 때나 유튜브 채널에 출연할 때도 같은 고민이 있었다. 내가 사용한 공부 방법을 그대로 이야기하면서도 너무 당연한 이야기를 포장해서 말하는 건 아닐까 하는 의문도 들었다.

하지만 방송 후, 감사하게도 많은 사람에게서 큰 도움을 받았다는 반응이 돌아왔다. 나아가 어떤 필기도구를 사용했는지, 어떤 공책과 문제집으로 공부했는지 등 정말 사소한 것까지 궁금해하는 댓글들이 쏟아졌다. 그중 가장 인상 깊었던 질문은 이것이었다.

"내신 공부와 수능 공부를 병행하는 좋은 방법은 없을까요?"

나의 경험에 비추어보면 내신 공부와 수능 공부의 방법은 결국 같다. '1페이지 공부법'은 내가 학교 시험을 준비하면서 들인 공부 습관이 발전한 결과였다. 7개월이라는 짧은 기간 동안 수능 시험을 준비하면서 나는 내신 공부하던 방법을 그대로 수능 과목에 적용했고, 그 방법으로 요약하고, 문제지를 만들어 풀고, 반복적으로 복습하는 동안 놀라운 학습 효과를 얻었다.

돌아보면 나도 '공부 잘하는 사람들'이 어떻게 공부했는지 하나하나 알고 싶었다. 그래서 용기를 내, 고민에 빠진 수험생들에게 도움이 되기를 바라는 마음으로 내가 시행착오 끝에 찾아낸 공부 방법을 모두 한 권의 책으로 정리해보기로 했다.

왜 공부해야 하는지 방향을 잡지 못한 채 지쳐 있는, 고민 많은 학생들에게 사람들은 흔히 '그래도 꿈을 이루기 위해서 열심히 해야 한다'고들 이야기한다. 하지만 학창 시절부터 명확한 꿈이나 비전을 가지고 그 하나만을 향해 달려가는 사람은 극히 드물다. 나도 사춘기 때, 꿈이 없는데 왜 공부해야 하냐고 부모님께 반항도 해봤다. 스물한 살이 된 지금까지도 뭔가 이루고 싶은 것이나, 종사하고 싶은 직종 등을 전혀 정하지 못했다.

그러나 지금 당장 이루고 싶은 꿈이 없다고 해서 공부를 안 해도 되는 건 아니다. 공부는 미래의 나를 위한 준비다. 언젠가 미래의 나에게 하고 싶은 일이 생겼을 때 그것을 이루기 위한 환경을 만들어두는 게 공부가 아닐까. 그때 학력이 나를 가로막는 장애물이 되지 않도록 나는 지금 이 순간 할 수 있는 최선을 다할 뿐이다. 그리고 지금의 노력을 바탕으로 미래의 내가 하고 싶은 일을 반드시 찾을 거라고 믿는다. 만약 '나는 꿈이 없는데, 공부를 왜 해야 하는 건지 모르겠다'는 생각에 사로잡혀 있다면 나처럼 이런 측면에서 공부의 동기를 찾아보기 바란다.

이제부터는 어떻게 공부할 것인가, 그리고 공부의 어려움을 어떻게 이겨낼 것인가만 생각하자. 대학 입시를 향해 가는 동안 학생이 진짜 고민해야 할 문제는 이것뿐이다. 이 책에는 내가 사용한 공부법과 학생이라면 누구나 가질 법한 공부에 대한 궁금증에 대해 촘촘히 담았다. 또한 공부를 방해하는 슬럼프나 불안감, 그리고 여러 환경적인 요인들에 현명하게 대처하는 방법들을 나의 경험에 비추어 모두 전달하고자 했다.

내가 공부를 지치지 않고 할 수 있었던 것은 꾸준한 자기 성찰 덕분이다. 나에게 맞는 공부법이 있으면 완전히 흡수하려고 노력했고, 남들이 다 하는 공부법이어도 내가 써보았을 때 효과가 없으면 가차 없이 버렸다.

나는 내가 놀기 좋아하는 사람이라는 걸 너무 잘 알고 있었다. 유튜브도 한 번 보면 몇 시간씩 볼 수 있고, 히어로 영화를 좋아하고, 아이돌 '덕질'도 하고 싶어 했다. 이런 다양한 관심사는 공부에 방해되는 요인으로 간주되지만, 난 내가 놀지 않고 공부만 한다면 금방 지친다는 것을 알았다. 그래서 유튜브나 아이돌, 영화 등을 공부에 방해되는 요인이 아니라 또 다른 종류의 '할 것'으로 보았고, 공부 계획 세우듯이 놀 계획을 세우면서 스트레스를 관리했다.

결국 공부는 내가 하는 것이다. 누가 시켜서 하는 공부는 오래가지 못하고, 주변에서 모두 좋다고 하는 공부법이더라도 내 것으로 체화시키지 못하면 독이 된다.

부디 이 책이 수험생 각자가 자신만의 공부 방법을 찾아내고 원하는 결과를 내는 데 도움이 되었으면 좋겠다. 또한 '1페이지 공부법'의 놀라운 효과 덕분에 시험지를 펼쳐 드는 모든 순간, 확신의 미소를 짓게 되기를 바란다.

Part 2

공부 시너지를 높이는 멘탈 관리법

Part 1

실전에서
최고점을 받는
만점 공부법

Chapter 1

어떤 공부든
1페이지면
충분하다

☆☆☆

수시 파이터, '정시황'이 되다

수능이 끝난 후 몇 달 동안 일어난 일은 아직도 꿈 같다. 수능을 보고 부모님과 집으로 돌아오는 길에, 가채점을 하기 전 푹 내쉬었던 한숨은 부모님의 가슴을 철렁 내려앉게 했다. 채점 결과를 보고 제일 먼저 스친 생각은 '가채점 잘못했겠지'였고, 수능 성적표를 받기 전까지 마킹을 잘못해서 한두 문제 틀리는 꿈을 자주 꾸었다.

성적표를 받고 나서야 진짜 만점이구나 하고 안도했다. 그동안 힘들게 공부해온 시간이 헛되지 않았다는 생각에 매우 기뻤고, 주변 친구들과 선생님들도 자기 일인 듯 진심으로 축하해주었다. 곧이어 MBC 〈공부가 머니?〉 방송을 시작으로 각종 멘토링 자리에서 내 학창 시절 경험을 공유할 기회들이 찾아왔다.

공부하면서 어떤 어려움이 있었고 이를 어떻게 해결했는지, 공부의 원동력은 무엇이었는지 등 진솔하게 털어놓았다. 공부를 열심히 하고 있는데도 불안해서 도움을 받고 싶어 하는 학생들의 심정을 누구보다 잘 알기에 학생들과 소통할 수 있는 방법을 여러모로 찾았다.

몇몇 유튜브 채널에서는 좀 더 자세한 공부 팁을 나누었고, 그때마다 도움이 되었다는 댓글을 달아주는 분들을 보며 뿌듯함을 느꼈다. 그래서 내 경험이 쓰일 곳이라면 어디든 마다하지 않았고, 수능을 본 지 1년이 지난 지금까지도 수험생들을 위한 방송 영상을 가끔 찍고 있다.

3학년 1학기가 끝나고서야 시작한 수능 공부

정시 전형으로 좋은 결과를 받은 사람들을 '정시황'이라고 한다는 걸 수능이 끝난 얼마 뒤에 알았다. 예컨대 나 같은 수능 만점자나 수능으로 의대에 진학한 사람들을 정시황이라고 부른다. 나는 내가 '정시황'이 된 것이 아직까지 신기하다. 내가 수능으로 꼭 대학교를 가겠다고 결심했던 것도 아니고, 수능에 큰 기대를 걸지 않았기 때문이기도 하다.

고백하자면, 나는 고등학교 3학년 초까지만 해도 소위 '수시 파이터'였다. 수시 전형으로 대학교에 입학하기 위해서 국제고등학교에 진학했고, 3년 동안 내신과 생활기록부를 챙기기 위해 숱한 노력을 했다. 수능 점수가 모의고사 점수보다 높게 나오는 건 현실적으로 불가능에 가깝다는 말을 수없이 들었던 터라 수능 성적이 잘 나올 거라는 기대를 하지 않았다.

수능은 당일날의 컨디션에 따라서 그동안의 노력이 물거품이 될 수도 있는 시험이라고 생각했기 때문에 2학년 때까지 나는 진성 '수시 파이터'였다. 3학년 여름방학 때 열심히 학원을 다니면서 면접을 연습했고, 최종적으로는 총 5개의 수시 전형에 지원했다.

정시도 희망이 있겠다고 처음으로 생각했던 건 2학년에서 3학년으로 올라가는 겨울방학 때였다. 그때 재수학원 윈터스쿨에서 생활하면서 한 달 동안 온전히 수능 공부만 했고, 2학년 때까지 열심히 내신 공부만 한 사람치고는 모의고사 점수가 괜찮게 나와서 조금 자신감을 가졌었다.

그래서 윈터스쿨이 끝난 뒤 나는 3학년 때 부족한 과목만 열심히 보충한다면 충분히 정시로도 가능성이 있을 것 같다고 판단했다. 하지만 그 자신감도 3월 모의고사까지가 한계였다. 3학년 1학기는 내신 성적이 결정되는 최종 학기이고 생활기록부의 '스토리'도 그때 완성시켜야 하기 때문에 1학년 때나 2학년 때보다 훨씬 챙겨야 할 것이 많았다. 수능 공부를 하기에는 당장 해야 할 일이 많았다.

그래서 3학년 1학기가 끝난 여름방학 때 수능 공부를 시작하기는 했지만, 나 자신이 부족하다는 생각을 했다. 무엇보다 사회탐구, 한국지리 과목 공부를 7월부터 시작한 게 타격이 너무 컸다.

　나와 동갑인 친구들, n수생 선배님들은 이미 응용문제와 심화문제를 풀면서 실력을 다지고 있는데 나는 새로운 과목을 처음부터 공부해야 한다는 부담이 너무 컸다. 수능 날까지 한국지리를 완성시킬 수 있을지도 불투명했고, 한국지리에 중점을 둬서 공부하다가 다른 과목에 소홀해지지 않을까도 걱정이었다. 그렇게 수능에 대한 자신감이 점점 떨어졌다.

　그래서 수능 공부는 최저 등급 기준이 있는 수시 전형을 위해서 준비하는 선으로 만족하면서 해나갔다. 정시로 대학교를 가겠다는 상상은 종종 하긴 했는데, 특히 면접 연습을 할 때 정시로 대학교에 가고 싶다는 생각이 강해졌다.

　대부분의 학생이 그렇겠지만, 나는 고등학교 입시를 준비할 때부터 면접이 너무 부담스러웠다. 나는 정리되어 있는 지문을 읽고 말할 거리를 마음속으로 정리해서 여러 번 곱씹은 후에야 말하는 게 편하다. 지문을 보고 몇 분 만에 논리적으로 내 의견을 정리하는 건 더욱 자신이 없었다.

　그래서 수능 공부가 싫어질 때마다 '수능 잘 보면 면접 보러 가지 않아도 된다'는 생각을 하면서 힘을 냈던 기억이 난다. 소박하지만 내가 수능을 잘 봐야 할 이유는 이것뿐이었다. 여담이지만 수능이 끝나고 가채점 만점이 나온 후 내심 면접을 보지 않아도 된다는 생각에 뛸 듯이 기뻤다.

수능 만점을 가능하게 한 나의 공부 습관

나는 고등학교 3학년 때 수시 70, 정시 30 정도의 비중으로 대학교 입시를 준비했던 것 같다. 이렇게 공부해왔던 걸 나 자신이 더 잘 알기 때문에 가채점 만점이 나왔을 때 결과를 쉽게 믿을 수 없었다. 수능 전날 기숙사 룸메이트 친구와 우스갯소리로 우리 둘 중 만점이 나오면 꼭 서로에게 이야기해주기로 한 것이 생각나 그 친구에게 전화를 하면서도, 혹시 내가 가채점표를 잘못 쓴 건 아닐까 하는 생각만 계속 들었다.

성적표가 나오기 전까지 일부 선생님과 친구 빼고는 아무에게도 알리지 않았고, 언론 보도에서도 이름을 꽁꽁 숨겼다. 만점 확정이 났을 때 불안함은 사라졌지만, 의문이 계속 들었다.

처음에는 운 때문이라고 생각했다. 내가 인생에서 쓸 수 있는 운은 모두 모아서 수능 때 좋은 결과를 받은 게 아닐까, 라는 생각이 계속 들었다. 물론 어느 정도 운이 작용한 건 부정할 수 없는 사실이라고 생각한다. 운 좋게 같은 학교 친구들과 같은 수능장에서 시험을 봐서 마음이 편안했고, 운 좋게 시험 때마다 아프던 배가 아프지 않았고, 운 좋게 밥을 배불리 먹었는데도 영어 듣기평가 시간에 졸리지 않았다.

오랫동안 내가 수능 만점을 받을 수 있었던 이유가 뭘까를 고민한 끝에 내린 나의 결론은 공부 습관이었다. 수시를 준비하면서 내신 공부하던 습관이 그대로 정시 공부로 이어졌기 때문에 수능을 준비한 기간이나 들인 노력에 비해 그 효율이 높았던 것이다. 학생들은 고3 1년 동안 수능을 준비한다고 생각하겠지만 사실은 고등학교 3년 내내, 그보다 길게 보자면 학교 교육을 받기 시작한 그 순간부터 암묵적으로 수능 준비에 들어간 것이다.

뻔한 비유지만 공부는 결국 달리기이다. 여러 번 달려본 사람은 이미 기본 체력이 길러져 있기 때문에 다음번에도 잘 달릴 수 있다. 나는 내신 공부를 하면서 내 페이스를 잘 만들어왔고, 정시라는 레일로 갈아탄 후에도 큰 기복 없이 그 공부 페이스를 유지할 수 있었던 것이다.

반대로 평소에는 힘들다고 뛰지 않다가 수능이 임박해서야 달리려고 하면 힘만 들고 쉽게 지치기 마련이다. 즉, 평소에 나만의 공부 습관을 확립해놓지 않으면 수능 공부를 할 때 많은 어려움을 겪게 된다.

내가 이 책에서 제시하는 공부법이 수험생들이 기본 체력을 기르는 좋은 달리기 비법이 되기를 바라면서, 본격적으로 내가 수능에서 최고점을 받을 수 있었던 공부 습관인 한 페이지 공부법에 대해 설명해보도록 하겠다.

☆☆☆
'1페이지 공부법'의 시작

사실 나는 내 공부법이 특별하다고 생각하지 않았다. 수험생활 내내 남들이 하는 것처럼 문제를 풀고, 교과 내용을 정리하고, 또 문제를 푸는 것을 반복하기만 했기 때문이다. 그래서 사실 수능이 끝난 후 가채점을 했을 때, 기쁘기보다는 가장 먼저 '내가 왜?'라는 생각이 들었다. 나는 여느 수험생과 다르지 않게 공부한 것 같은데, 이런 과분한 점수를 받아도 되는 건가 하는 의문까지 생겼다.

수능 만점자라는 타이틀은 나에게 꿈만 같았다.

수능을 본 직후 잘 봤다기보다는 까다로웠다는 생각이 먼저 들었고, 특히 사회탐구 문제가 꽤나 어렵게 느껴져서 가채점을 할 때도 매우 불안했다. 그래서 수능 성적표가 공개되는 그날까지 만점이 아닐 거라는 생각을 떨쳐내지 못했다.

성적표를 받은 날 밤, 기숙사 방 침대에 누워 내가 어떻게 만점을 받을 수 있었는지 곰곰이 생각해보았다. 모의고사에서 난 한 번도 전체 과목을 다 맞아본 적이 없었다. 제일 자신 있다고 생각했던 수학도 항상 안정적인 100점을 받지는 않았다.

그런 내가 수능이라는 큰 시험에서 단순히 운만으로 최상의 결과를 받을 수 있었다는 것도 말이 안 된다. 내가 실전에 강한 사람인가 하고 생각해봐도, 중간고사나 기말고사 같은 내신 시험에서 이미 크고 작은 실수를 해왔던 터라 그것도 아니었다.

수능 당일에 최상의 컨디션이었던 것도 아니다. 자신감은커녕 긴장감과 부담감 때문에 온몸이 경직되는 기분이었고, 앞 사람이 향수를 뿌린 건지 진한 향기 때문에 머리가 지끈거렸다.

내 소식이 알려지자 친구들과 여러 지인들이 연락해와 "너는 그럴 만하다"며 축하 인사를 전해주었지만 '뭘 보고 내가 만점을 받을 만하다고 생각하는 거지?' '나도 모르는 걸 저 사람들은 어떻게 알고 있지?' 하는 의문만 들뿐이었다.

그러다가 그 답을 교실과 기숙사, 집 방에서 그동안 공부한 자료를 정리하면서 깨달았다. 난 그동안 노트보다는 A4용지 한 장, 이면지 한 장에 모든 것을 정리해왔다. 수학 문제를 틀린 후에는 A4용지를 세로로 세 번 접어 풀이 과정을 그곳에 적었고, 사회 과목을 공부할 때는 종이를 반으로 접어 한 단원의 내용을 꼼꼼하게 그 안에 끄적였다.

고등학교 3년간의 공부 흔적을 돌아보니 내신 때도 마찬가지였다.

빈 종이 한 장에 모아놓는 한 페이지 공부 습관은 이미 내 안에 체화되어 있었다.

노트 정리와 '1페이지 공부법'의 차이

노트를 정리하는 하나의 이유는 그렇게 '요약'한 내용을 쉽게 복습하기 위해서이다. 하지만 그렇게 하다 보면 뜻하지 않게 방대한 양의 노트를 만들게 돼 그 노트를 훑어보는 것이 공부에 크게 도움이 되지 않는다. 나도 고등학교 1학년 때까지는 모든 과목을 공부할 때 열심히 노트를 만들었다. 하지만 막상 만들어놓은 노트를 시험 전에는 거의 보지 않았다. 내 글씨가 눈에 잘 들어오지도 않았고, 그걸 다 읽기에도 시간이 별로 없었다. 내가 '한 페이지'로 정리하는 방법을 택한 첫 번째 이유이다.

물론 노트 정리가 잘 맞는 사람들이 있고, 그게 나쁘다는 건 아니다. 분명히 말해두지만, 이건 나의 공부법이다. 자기에게 맞는 공부법은 자기 스스로 찾아야 한다. 적어도 내 관점에서는, 방대한 노트 정리보다 나의 '한 페이지 공부법'이 효율적이고 공부에 더 많은 도움이 되었다.

노트 정리는 노트에 남아 있는 만큼 종이를 쓸 수 있다는 장점이 있다. 하지만 이 공간적인 여유로움은 오히려 독이 될 수 있다. 학생들은 노트 정리를 할 때 공간이 많기 때문에 심리적으로도 여유로워진다. 즉, 굳이 신경을 써서 내용을 줄이지 않는다. 좀 더 쉽게 설명해 보자.

노트 정리를 하는 건 여러 가지 목적이 있지만, 가장 큰 이유는 책이나 문제집의 내용을 요약하기 위함이라고 생각한다. 쓸데없는 설명이 많거나, 내용이 한눈에 들어오지 않거나, 특별히 기억해야 할 내용이 있을 때 학생들은 노트를 찾는다.

하지만 이 '요약'이라는 것은 생각처럼 잘되지 않는다. 누구나 책 지문에서 중요한 내용에 밑줄을 긋고, 동그라미나 별 등의 표시를 한 후에 노트에 옮겨 적는다. 하지만 정리하다 보면 분량이 많아지고, 완성된 노트를 보면 장 수도 꽤 많아진다. 어느 순간 '요약'이라는 원래 목적은 없어진다.

'한 페이지 공부법'을 사용하면, 제한된 공간 안에 최대한 많은 내용을 채워 넣어야 한다. 아무리 글씨를 작게 쓰고 내용을 간소화한다고 해도, 분명한 한계가 존재한다. 따라서 학생 자신이, 필기에 담을 내용을 직접 골라야 한다. 그러기 위해서는 우선 그 내용을 정확하게 알고 있어야 한다.

교과서의 지문 중 중요한 부분을 분류해내고 판단하는 과정에서 우리는 어느 부분을 암기하고 학습해야 하는지 깨닫게 된다. 또 보통 노트 정리에는 교과서의 모든 내용을 넣지만, 한 페이지에는 자신이 이미 알고 있는 내용은 넣지 않아도 좋다. 그 개념을 활용해서 언제든지 문제를 풀 수 있을 정도로 알고 있다면, 한 페이지에 적는 것은 의미가 없다.

4-2. 사회 불평등 문제와 사회 복지

출제 포인트 1
★ ★

절대적 빈곤과 상대적 빈곤을 구분하자!

일반적인 형태 : 절대적 빈곤과 상대적 빈곤 개념 자체가 제시되어 옳은것 / 옳지 않은 것을 고르거나

그래프와 연결되어 어렵게 출제되기도 한다. 작년수능과 6모에 공통적으로 출제된 제재이다.

공통점이 헷갈리게 많이 출제되므로 잘 알아야복지

기출선지 분석	절대적 빈곤	상대적 빈곤
	- 현대 사회에서 두 빈곤 모두 사회 문제로 인식된다.	
	- 판단 기준은 시대에 따라 달라질 수 있다.	
	- ~~객관화~~된 기준에 따라 분류한다.	
		- 상대적 박탈감을 유발한다.

출제 포인트 2
★★ ☆

사회보장제도 3가지를 비교하여 파악하~

일반적인 형태 : 각 사회보장제도의 ~

각 제도의 특징을 선~

(ex. ~한 사회보장제~

기출선지 분석		
	사회보험	-
		-
	공공부조	-
		- 현재 사회적 위험에 처해 있는 국민을 구제하고자 한다.
	사회서비스	- 사후처방과 사전 예방 성격을 동시에 가진다.
		- 민간기관에 의한 제공이 가능하다.

사회탐구 중 사회문화 과목은 문제 유형만 바뀔 뿐 그 안에 담기는 개념은 항상 비슷하다. 그래서 기출문제에서 주로 나오는 출제 포인트를 정리했다. 문제의 '일반적인 형태'를 옮겨 적고 풀이 과정을 하나하나 작성했는데, 지금 보면 굳이 적지 않아도 될 개념도 적혀 있다. 예를 들어 사회 서비스 부분의 "사후 처방과 사전 예방 성격을 동시에 가진다"라는 내용은 문제로 잘 출제되지 않는데, 각 항목당 두 개 이상의 내용이 있어야 구색이 맞겠다는 생각에 일부러 적었던 기억이 난다.

취약한 4분 2 사회 계층 이동 표 분석 (aka. 부자표)

갑국의 계층은 A~C 로 구변되며, A~C 는 각각 상층. 중층. 하층 중 하나이다.

<자료 1>

자녀 세대계층	A	B	C
자신의 계층이 부모보다 높은 사람의 비율	0	80	50
자신의 계층이 부모보다 낮은 사람의 비율	50	0	10

<자료 2>

[그래프: B(%) 세로축, A(%) 가로축. 자녀 점 (20, 20), 부모 점 (50, 10)]

표 파악 → <자료1> C는 자녀계층이 부모보다 높은 사람과 낮은 사람이 모두 있으므로 중층

A는 '자신의 계층이 부모보다 높은 사람의 비율'=0 이므로 하층

B는 '자신의 계층이 부모보다 낮은 사람의 비율'=0 이므로 상층

<자료2> 부모 : 상층 10% 중층 40% 하층 50%

자녀 : 상층 20% 중층 60% 하층 20%

자＼부	상	중	하	
상	4	6	10	20
중	6	24	30	60
하	0	10	10	20
	10	40	50	

① 부모 세대와 자녀 세대 모두 다이아몬드형 계층구조이다.

③

④

⑤

취약한 부분 3 **사회 보장 제도 구분 및 표 분석**

31. 다음 자료는 우리나라 사회 보장 제도 (가)~(다)와 ○○시의 수급자 비율이다. 이에 대한 분석으로 옳은 것은? (단, ○○시는 A, B지역으로만 이루어져 있다.)

(가) 노령, 장애, 사망으로 인한 소득 상실을 보전하기 위해 연금 급여를 지급하는 제도로서, 이를 실행하는 데 드는 비용은 고용주, 가입자 등이 부담한다.
(나) 노인에게 안정적인 소득 기반을 제공하여 생활 안정을 돕기 위한
기준 금액 이하인 사람에게 연금 급여를 지급한다.
(다) 생활이 어려운 국민의 최저 생활을 보장하고 자활을 지원하기 위한 제도로서, 국가나 지방 자치 단체가 수급권자로 선정된 사람에게 생계 급여 등을 지급한다.

〈 ○○시 지역별 총인구 대비 수급자 비율 〉 (단위: %)

지역 \ 자료	(가) 사회보험	(나) 공공부조	(다) 공공부조
A지역	6.7	5.3	1.9
B지역	6.7	7.6	1.6
전체	6.7	6.9	1.7

[3점]

① A'지역의 경우, (가)~(다) 중에서 의무 가입 원칙이 적용되는 제도의 수급자 비율은 12.2%이다.
② B'지역의 경우, (가)~(다) 중에서 사후 처방적 성격이 강한 제도의 수급자 비율은 6.7%이다.
③ (가)~(다) 중에서 수혜자 부담 원칙이 적용되지 않는 제도의 수급자 수는 A'지역이 B'지역보다 많다.
④ (가)~(다) 중에서 가입자 간 상호 부조 원리가 적용되는 제도의 수급자 수는 B'지역이 A'지역보다 많다.
⑤ 지역별 총인구 중 65세 이상 노인 인구의 비율은 B'지역이 A'지역보다 높다.

① 의무가입 원칙이 적용되는 제도 = 사회보험 = (가)

② 사후처방적 성격이 강한제도 = 공공부조 = (나)

③ 수혜자 부담 원칙이 적용되지 않는 제도 = 공공부조

④ 가입자 간 상호 부조 원리가 적용되는 제도 = 사회보험

⑤ (가), (나)가 노인과 관련된 제도이긴 하나 지역별

(가) 사회보험   (나) 공공부조   (다) 공공부조

문제에서 사회보험, 공공부조, 사회서비스 3가지 사회보장제도가 모두가 나온다는 언급이 없으면 동일한 사회보장제도가 출제될 수 있다.

표 파악

→ 전체는 A지역의 해당인구 + B지역의 해당인구이다.
  (나)에서 전체가 6.9 % 인데 차이의 절댓값을 보면
  A지역은 1.4, B지역은 0.7 이다.
  (다)에서는 A지역 0.2, B지역 0.1 이다.
  따라서 (나), (다) 제도 모두 수급자 수는
  ~~B가 A보다 많다.~~

노트 정리①의 출제 포인트2와 관련된 실제 문제이다. 사회보험, 공공부조, 사회 서비스의 개념과 특징을 안다고 풀 수 있는 문제가 아니라 통계를 분석해야 하기 때문에 더욱 까다로웠다. 게다가 노트 정리② 같은 계층 이동 도표가 독보적으로 어려워서 이른바 '일반' 도표 문제라고 불렸던 문제는 많아봤자 한 문제 출제되었는데, 내가 수능을 봤던 2020학년도부터는 노트 정리③ 같은 문제의 비중이 두세 문제로 늘었다.

© Kakao IX

13. 사회 불평등의 여러 형태와 해결 방안

빈곤 (poverty)
최소한의 욕구 충족이 만족시킬 수 있는
경제적 능력이 부족한 상태

빈곤의 유형

	절대적 빈곤	상대적 빈곤
의미	인간의 경제생활을 유지하는 데 필요한 기본적 절대적으로 부족 → 의식주 (생계)	한 가계가 소득이 경제력이 높아서 사회적으로 자기가 다른 구성원들보다 상대적으로 부(富)를 적게 가지고 있는 상태
특징	아프리카, 동남아시아 등 저개발국에서 심각한 영향	특정사회의 전반적인 생활 수준과 밀접한 관련 - 후진국, 선진국 모두 나타남
기준	생계비, 빈곤선 최저생계비	상대적 빈곤선 중위소득의 50% 미만

※ 우리나라의 절대적 빈곤
: 가구 총소득이 국민기초생활보장제도에서 사용하는 최저생계비에 미치지 못하는 가구
= 절대 빈곤층 - 극빈층

절대적 빈곤선과 상대적 빈곤선
"빈곤율을 높아도 빈곤선은 다음 수 있다."

① 절대빈곤선 = 상대빈곤선
→ 최저생계비 = 중위소득 $\frac{1}{2}$

① 절대빈곤선 > 상대빈곤선
→ 최저생계비 > 중위소득 $\frac{1}{2}$

③ 절대빈곤선 < 상대빈곤선
→ 최저생계비 < 중위소득 $\frac{1}{2}$

빈곤문제에 대한 이론

	기능론	갈등론
빈곤의 원인	개인의 나태함 무능력함	사회적구조 사회 내재적 모순
사회적 지위	개인의 능력 노력의 결과	계층 성 인종 취업적차별, 교육

갈등론적입장
· 빈곤의 원인이 아니라 결과

빈곤문제의 해결방안
① 개인적 의식적 차원 : 빈곤층스스로의 의지, 태도, 개혁
(개발, 복지, 교육)
② 사회적·제도적 차원 ┌ 직접지원
└ 간접지원

성 불평등 문제
female/male man/women
· 의의 : 생물학적 성, 사회적 성에 대하여 편견을 가지고
차별적 대우가 이루어지는것
→ 여성에 대한 차별·편견이 보편적
· 실태 ① 사회문화적측면
ⓐ 정치적측면 : 여성의원수
ⓑ 경제적측면 : '유리천장', 경력단절
· 이론

기능론	· 산업사회에서는 성별과 역할이 사회와 가정에서 최적 상태 모형으로 역할 역할분배는 높이 자연스러운 현상 · 성불평등 문제 : 급격한 사회변동으로 남녀간 역할 정립의 제대로 정립되지 않아 발생된(일시적인 혼란) 바로잡 관계
갈등론	· 산업 생산 사회에서 분업에 따라 여성의 지위 낮아지고 이러한 사회의 경제구조와 가부장제가 여겨냄대한 남성의 지배이 원조됨 · 성불평등 문제 : 사회 전반적으로 남성중심으로 권력 여가 분배되어 여권되는 권력·부 격차로 차별적으로 차별돼

· 해결방안 ① 개인적 의식적 차원
② 사회적 제도적 차원

사회적소수자 문제
- 사회적 소수자
: 신체적 문화적 특징 때문에 자기가 사는 사회의 다른 구성원들로부터 구별되어 불평등한 대우를 받는 자들 스스로 차별받는 집단에 의해 의식적 가진 사람들

- 사회적소수자 문제
: 구성원수가 양적으로 작음 (x)
불평등한 대우를 받는 사람들 (O)

☆☆☆
수능 당일 가져간 과목별 1페이지

수능이 다가오면 다가올수록 학생들은 무얼 공부해야 할지 많이 고민한다. 기출문제는 이미 그 전에 많이 풀어보아서 몇몇 문제는 답과 풀이 과정까지 모두 기억날 정도이고, 사설 문제를 풀자니 한국교육과정평가원(이하 평가원) 문제 스타일과 너무 달라서 적합하지 않은 것 같고, 개념을 복습하자니 이미 다 아는 내용이라 지겨울 수도 있다.

나 또한 그랬다. 꾸준히 듣던 영어 인터넷 강의 하나와 일주일에 하나씩 풀던 수학 모의고사 외에는 대체 무엇을 해야 할지 갈피를 잡지 못했다. 그래서 수능이 다가올수록 내 플래너는 텅텅 비어갔다.

계획을 세우지 않고 생각나는 대로 즉흥적으로 공부를 한 날이 많았고, 어떻게든 되겠지 하는 마음으로 하루하루를 보냈다. 며칠 동안 그렇게 생활하다 보니 문득 불안해졌다. 그동안 열심히 해왔는데, 수능이 코앞에 다가온 지금 시점에 이렇게 비생산적으로 생활한다면 정말 망할 수도 있겠다는 생각이 들었다. 그래서 그날 밤 침대에 누워 내가 이제부터 뭘 해야 나에게 도움이 될지 생각해보았다.

고민의 결과는, 수능 당일 가져갈 자료를 과목별로 만들자는 것이었다.

숱한 중간고사와 기말고사를 거치면서 나는 이미 시험 중간중간 쉬는 시간에 긴 줄글을 읽는 것은 전혀 도움이 되지 않는다는 사실을 알고 있었다. 그동안 만들어놓은 과목별 한 페이지 정리 자료도 있었지만 너무 분량이 많아서 기존의 공부 습관대로 수능 날 가져갈 과목별 한 페이지를 다시 정리해보기로 결심했다. 실전 모의고사를 풀 때마다 모의고사 하나하나에 적어두었던 잊지 말아야 할 개념도 다 모아서 정리하려고 계획을 세웠다.

이때가 수능 3주 전쯤이었던 것 같다.

수능 당일 빛을 발하는 복습법

잠시 시험을 치르는 날 쉬는 시간에 자신이 뭘 하는지 생각해보자. 시험을 볼 때 졸지 않으려고 쉬는 시간에는 무조건 엎드려 자는 친구도 있고, 방금 시험 친 과목의 난이도와 답에 대해 얘기해보는 친구도 있고, 다음 시험을 준비하기 위해 그동안 공부했던 책을 넘겨보는 친구도 있고, 모여서 마지막 복습을 함께하는 친구들도 있다. 시험의 부담감과 긴장감 속에서도, 시험 사이사이의 쉬는 시간은 결코 조용하지 않다.

수능을 보는 날도 다르지 않다. 다들 한마디씩 시험에 대한 감상평을 내놓고, 다음 시험을 준비할 때도 서로에게 질문을 하면서 교과 내용을 복습하기도 한다. 물론 자기 자리에 앉아서 조용히 책을 보면서 다음 시험을 준비하는 친구들도 있다. 어떤 방법으로 복습을 하든 사실 크게 상관은 없다.

그런데 수능 당일에는 생각보다 책 내용이 눈에 잘 들어오지 않는다. 그 전 시간에 본 시험의 잔상이 계속 머릿속에 남아 있고, 긴장감과 부담감 때문에 머릿속이 새하얘지기 일쑤이다. 따라서 분량이 많은 개념서나 문제집을 통째로 들고 가는 건 도움이 별로 되지 않는다고 생각한다.

그보다는 짧은 내용을 반복적으로 읽거나 가벼운 예열용 지문을 훑어보면서 머리를 푸는 것이 더 도움이 된다. 그래서 난 수능을 앞두고 학원에서 내준 숙제나 원래 풀던 모의고사를 푸는 것 외에는 정말 3주 동안 이 자료를 준비하는 것에만 열중했다.

이렇게 준비하여 내가 수능장에 가져갔던 과목별 한 페이지는 다음과 같다.

현대소설

< 금 따는 콩밭 >

특징 · 시대적 상황 : 금광 열풍, 인본주의

  · 해학적
  배금주의 팽배
  소작으로는 생계 힘듦
  돈에 대해 공부 없고 금캐는게
  낫다고 생각할 정도

아이러니

아이러니 1 : 언어적 예) 호수 좋은 날

아이러니 2 : 구조적 ¹ 독정인물 ≠ 다른 인물 ∩ 독자
                           같음   다름
                      ² 서술자, 해결자 역할 하는 인물
                                               <독자>

아이러니 3 : 동기 ⇄ 결과
                       +   +

< 소망 >

유학 → 생각이 깊어짐 사상
공립   사적 실현 비관적
남편   vs   아내   언니 (= 독자)
                (= 해설자)
                           고통, 희생적

무능한 지식인   선각자   → 더위 싸움
제국의 침략, 부정, 폭력   +
(장가가도 달라진 것)   해방 일반인같처럼

< 복덕방 >

특징 · 복덕방: 변변적, 퇴락한 이들의 거처

  · 세대간 갈등   이미   vs   New
                  (쇠퇴기)   (젊,이기적,영예)

  · 묘사적서술

< 삼대 >

< 누이를 이해하기 위하여 >

        고학   도시
       치유·인정   고독·상처
                    ①
누이 적극 ←——————————→
                    ②
나 ——————————————→ 감정의 거리(= 작가)

특징 · 특정한 서사적 줄거리보다는 내면의식 서술

  · 인물은 서술자 인식 속에서 재구성

  · 배경은 서술자의 의식에 내면화되어서
    상황을 제시하는 구실을 함

< 중국인 거리 >

특징 · 여성의 삶 ┌ 매기언니(제니)
                  ├ 어머니(출산)
                  └ 할머니 (출산 X)

  · 어린아이의 시각 + 성장 묘사
    어린아 → 시련·고통 → 어른
              인식의 확제

< 회색인 >

           대변   현천
 강학 ——— 독고—— 아폽걸(저항)
        부정
 (개인)
  결단

< 후설 >

특징 ·

[현대소설 1페이지]

제목을 봤을 때 내용과 특징이 떠오르는 소설은 제외하고, 줄거리가 복잡하거나 독특한 특징이 있는 소설 위주로 정리했다. 예를 들어 <회색인>은 줄거리를 간단하게 인물과 키워드 위주로 적었고, <복덕방>은 줄거리는 생략하고 중요한 상징에 대해 메모했으며, <누이를 이해하기 위하여>는 줄거리와 특징 두 가지 모두 담았다.

고전산문

< 월영낭자전 >

특징
- 적강소설 (옥진성·조현성 유진성 - 최희성)
- 환상적배경 + 전동형
- 간결한 (경어체어). 전개가 안돌 도움

줄거리
부모끼리 호형 최희성의 정혼을 정함
↓
간신 면란의 모함으로 호형이 부로 쪽음
↓
현명은 자살한 것을 위장했고 옳을 피해
경비사리 당이저 될 의심은 면래와 혼인
↓
현명 희성은 같은 꿈을 꾸고 인연임을 알게 됨
↓
월영은 만나 접소으로 존귀내응을 캠
↓
참제의 장인 전국구 업적으로 정벼사로 혼인,
진보사가 월영을 질투하여 누명을 의숙
↓
월영이 처형당하려 할 때 리늘의 성녀이
월영의 누명을 벗겨줌 저씨는 자살함

< 황월선전 >

특징
- 계모의 자녀 (월성)가 전처의 자녀(월선) 모함
- 요약적제시 편집자적 논평
- 천냥제개사 박 철순 지졔 사노.

줄거리
황흥공 왕씨가 후처에서 월선을 낳음 김씨 죽음
(후처바씨에게 시우을 하고, 성문 어리 받음)
↓
참공과 박씨가 재혼하려 월선을 낳음
↓
참공이 현선과 월선에게 재산을 똑같이
나누어주자 박씨는 현선을 질투하여 낳음시킴
ㄴ 싫은 박씨에게 막내 자리로, 그 안에서
병자어 나노 등 산만한 길
↓
박 씨가 위더 관심과 깊긴 월선이 부장한
행실을 했다고 속임
↓
월선의 변화로 살찬현선이 밖에 모인강
↓
참전사대 아돌 참태란 월선이 혼인함
ㄴ 순태가 박씨의 계약 죄고.   ㄴ참위 부정에욜을이
현선이 현선의 찾으며   아로저궁을 다심
↓
병이 난 현선을 정하러 도타구요, 참위와
월선은 월성의 죄에 발각함
↓
월선은 경병북천에 불러내고, 참위는 화외장이
되어 부귀영화를 누림

< 홍계월전 >

특징
- 진취적 여성상 · 여성에 대한 변화적 인식
- 명종 서사구조 (고난-위기-극복)
- 구체적 묘사 통해 계월 능력 부각

줄거리
홍계월의 부모인 선녀가 꿈속에 들어와 공룡꾸고
홍계월 낳음 파도에게 아바가 5살에에 여아로앤런 계모남을
↓
북방 장소사 장사람의 반란으로 계월이 우희와 헤어짐
↓
여공이 계월을 거두고, 계월을 평국으로 이름을
바꾸고, 보국과 함께 괄5사 밀늘놀어 수련함
↓
평국과 보국은 며들을 받고, 서관에 나돈 전쟁함.
전쟁 중 보국이 베에 싸늘 희복하 평란이 재회함
↓
평국이 여성이라는 것이 밝혀지고, 참제는
개월을과 보국이 혼인시람에 함
↓
보국이 거만할 처음에 사이가 서먹했으나
오왕과 초왕의 난을 함께 전함하여 화목해짐

< 소대성전 >

특징
- 영웅 서사 구조, 적강구조
- 삽입시 → 상황, 분너
- 꿈의 기능
- 구작과 · 다양한 노음 노조

줄거리
동래영진에아들 소대성은 소경의 아들로 태람
↓
뜨들연 소대성은, 해청상에게 거두이고,
대승상의 땅이 된 이상의…

소대성은 전체…

소대성은 노…
감추고 밝고 선…
전쟁에 참전…

소대성은 전…
된후, 재…

< 삼한습유 >

특징
- 설화 + 상상력 · 진기적 성격 관련 소설
- 영웅 서사 구조
- 적간화소 : 최 지품(X) 연연일기기위해(O)

줄거리
향랑은 가난한 효렬로 혼인하려 하나
부모의 반대, 부자인 남편에게 시집 감
↓
남편과 사대의 구박으로 출가난 향랑은
재가 길을 연하니 뒤로고 자결함
↓
향랑은 촉도보살에게 천점되어 관셈하고,
김유선의 노동으로 효렬리 혼인함
↓
백련을 치려노가 용의 공격에 여자들을 정사,
김유선과 향량을 현점을 쌓어 자체를 누림

< 적성의전 >

특징
- 유교·불교·도교 비현·소재 모두 등장
- 여성의 구체성 (채란공주)
- 구약(求藥 藥) 여행 모티프

줄거리
안평국에 첫째 형산과 둘째 성의가 있었는데
향백(아버지)가 아픈자 성의는 인연주를 구하러여닪
↓
호성덕분에 성의로 고난을 극복한 후
성진을 만나 서야에 도달함
↓
본점화가 형의와 성의의 관계를 알려주고
달점유을 구하자, 형이가 눈을 짜고 성별 여남

[고전산문 1페이지]
고전산문은 인물도 많고 줄거리가 다 외울 수 없을 정도로 복잡한 경우가 많아서 특징을 간단하게 서너 가지로 정리하고 줄거리를 최대한 간단히 요약해 적었다. 인물의 이름은 형광펜으로 표시하고, 중간중간 중요한 부분을 빨간 펜으로 추가했다.

28. 윗글에 대한 이해로 적절하지 않은 것은?

① 서양과 중국에서는 모두 우주론을 정립하는 과정에서 형이상학적 사고에 대한 재검토가 이루어졌다.

② 서양 천문학의 전래는 중국에서 자국의 우주론 전통을 재인식하는 계기가 되었다.

③ 중국에 서양의 천문학적 성과가 자리 잡게 된 데에는 국가의 역할이 작용하였다.

④ 중국에서는 18세기에 자국의 고대 우주론을 긍정하는 입장이 주류가 되었다.

⑤ 서양에서는 경험적 추론에 기초한 우주론이 제기되었다.

29. 윗글에 나타난 서양의 우주론에 대한 설명으로 가장 적절한 것은?

① 행성 천구가 고정되어 있다고 보는 아리스토텔레스의 우주론은 천상계와 지상계를 대립시킨 형이상학을 토대로 한 것이었다.

② 많은 수의 원을 써서 행성의 가시적 운동을 설명한 프톨레마이오스의 우주론은 행성이 태양에서 멀수록 공전 주기가 길어진다는 점에서 단순성을 갖는 것이었다.

③ 지구와 행성이 태양 주위를 공전한다는 코페르니쿠스의 우주론은 이전의 지구 중심설보다 단순할 뿐 아니라 아리스토텔레스의 형이상학과 양립이 가능한 것이었다.

④ 지구가 우주 중심에 고정되어 있고 다른 행성을 거느린 태양이 지구 주위를 돈다는 브라헤의 우주론은 아리스토텔레스의 형이상학에서 자유롭지 못한 것이었다.

⑤ 태양 주위를 공전하는 행성의 운동 법칙을 관측치로부터 수립한 케플러의 우주론은 신플라톤주의에서 경험주의적 근거를 찾은 것이었다.

30. 윗글에 대한 이해로 적절하지 않은 것은?

① 중국에서 서양 과학을 수용한 학자들은 자국의 직접 유산에 서양 과학을 접목하려 하였다.

② 서양 천문학과 관련된 내용이 중국의 역대 지식 성과를 집성한 『사고전서』에 수록되었다.

③ 방이지는 서양 우주론의 영향을 받았지만 서양의 이론과 구별되는 새 이론의 수립을 시도하였다.

④ 메문정은 중국 고대 문헌에 나타나는 천문학적 전통과 서양 과학의 수학적 방법론을 모두 활용하였다.

⑤ 성리학적 기론을 긍정한 학자들은 중국 고대 문헌의 우주론을 근거로 서양 우주론을 받아들여 새 이론을 창안하였다.

31. <보기>를 참고할 때, [A]에 대한 이해로 적절하지 않은 것은? [3점]

<보 기>

구는 무한히 작은 부피 요소들로 이루어져 있다. 그 부피 요소들이 빈틈없이 한 겹으로 배열되어 구 껍질을 이루고, 그런 구 껍질들이 구의 중심 O 주위에 반지름을 달리하며 양파처럼 겹겹이 싸여 구를 이룬다. 이때 부피 요소는 그것의 부피와 밀도를 곱한 값을 질량으로 갖는 질점으로 볼 수 있다.

(1) 같은 밀도의 부피 요소들이 하나의 구 껍질을 구성하면, 이 부피 요소들이 구 외부의 질점 P를 당기는 만유인력들의 총합은, 그 구 껍질과 동일한 질량을 갖는 질점이 그 구 껍질의 중심 O에서 P를 당기는 만유인력과 같다.

(2) (1)에서의 구 껍질들이 구를 구성할 때, 그 동심의 구 껍질들이 P를 당기는 만유인력들의 총합은, 그 구와 동일한 질량을 갖는 질점이 그 구의 중심 O에서 P를 당기는 만유인력과 같다.

(1), (2)에 의하면, 밀도가 균질하거나 구 대칭인 구를 구성하는 부피 요소들이 P를 당기는 만유인력들의 총합은, 그 구와 동일한 질량을 갖는 질점이 그 구의 중심 O에서 P를 당기는 만유인력과 같다.

① 밀도가 균질한 하나의 행성을 구성하는 동심의 구 껍질들이 같은 두께일 때, 하나의 구 껍질이 태양을 당기는 만유인력은 그 구 껍질의 반지름이 클수록 커지겠군.

② 태양의 중심에 있는 질점이 m인 질점이 지구 전체를 당기는 만유인력은, 지구의 중심에 있는 질량이 m인 질점이 태양 전체를 당기는 만유인력과 크기가 같겠군.

③ 질량이 M인 지구와 질량이 m인 달이 있고, 둘의 중심 사이의 거리만큼 떨어져 있으면서 질량이 M, m인 두 질점 사이의 만유

시험을 보기 전에...

막히면 넘어가자. 다시 돌아와서 지문 읽으면 풀 수 있다.

화법 연설, 산화작용, 자료제시
　　　토의,협상 결과, 절약
　　　토론 주장 근거

작문 문제해결과정
　　- 조건충족: All+ + 주제부합 + 형식
　　- 자료해석: max min korea / 추이
　　- 퇴고 : 반영 꼼꼼히 (대응)

Not 자문형 문항 통합성 총체성

자문형 문항 현대 ←→ 중세
　　　　　　　먼저가설

문학 너무 어려워라. "개연성" !!
　　　대상 주체 확인

비문학 - 첫문장 (서론)은 좋때 니다. 목적 확인!
　　　　- 어려운 문장 : ① 집약형 — 분빠 → 흡수형은 : 주어+ + 서술어 + 수식어
　　　　　　　　　　② 복잡해서 (정보량 多) 핵심 → (설명) → 핵심 → (설명)
　　　　　　　　　　③ 연결 X (비약 有)

수학 공식 / TIP 정리

역함수 - 원함수의 교점

증가 — 교점 X
／ 교점 0 → 반드시 $y=x$ 위. 즉 (a,a) …

감소 — 교점두조건 발생
└ $y=x$ 위 1개 보장
$(\alpha, \beta) \leftrightarrow (\beta, \alpha)$: $(2m+1)$개

*) 유리함수

유리함수가 $y=x$ 아닌 꺼리 대칭성 있다면
유리함수 = 유리함수$^{-1}$
서로 다른 실수 x_1, y_1, $y_1 = f(x_1) = f^{-1}(x_1)$
$x_1 \ne y_1$
$\Rightarrow f = f^{-1}$

$Sn. an$ 나와있을 때

$a_1 = S_1$ ☆

$a_n = S_n - S_{n-1}$ $(n \ge 2)$

거듭제곱근

$x^n = a$ 에서 ┌ n 홀수 : 1개
└ n 짝수 ┌ 2개 $(a > 0)$
├ 1개 $(a = 0)$
└ X $(a < 0)$

정규분포 표본 평균

$X \sim N(m, \sigma^2)$
↓
$\bar{X} \sim N\left(m, \left(\dfrac{\sigma}{\sqrt{n}}\right)^2\right)$

삼차함수 대칭성

$3k = a_1 + a_1 + a_2$
$= b_1 + b_2 + b_3$
$= c_1 + c_2 + c_3$

역함수 변환

$f \circ g$. $f(g(x)) = x$
or
$g(f(x)) = x$

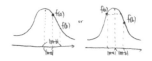
$f(x)$ 저 괄호에 넣는다 $g(x)$ 저 자리에 넣는다

예) $f(x) = g(x)$ $f^{-1}(4x-3) = g(x) + b$
$f^{-1}(4x-3) = h(x)$
$f(4h(x)-3) = x$
$4h(x) - 3 = f^{-1}(x) = g(x)$
$h(x) = \dfrac{g(x) + 3}{4}$ 되게 써주셈

정규분포 그래프

확률변수 X가 정규분포 $N(m, \sigma^2)$ 따르고,
확률변수 X의 확률밀도 함수 $f(x)$라고 함

평균에 가까울 평균과 멀수
$f(a) > f(b) \Leftrightarrow |m - a| < |m - b|$

$f(a)$ $f(b)$ or $f(a)$ $f(b)$
$|m-a|$ $|m-b|$ $|m-a|$ $|m-b|$

할선정리

$ab = cd$

접선 ┌ 2.4c
         └ 3.52

시험을 보기 전에 …

- 쉬극한. 우극한문제 잘 보고 풀자

- 식이 안 되면 그래프,
  그래프가 안 되면 식으로 풀자

- 정적분 변환 공식 옆에 두자

- 규칙을 섣불리 판단하지 마라

- 프객탈 문제에서는 보조변을 활용하라

- 그냥 확률인지, 조건부확률인지 판단하자

- 빈칸문제는 풀지말고 처음부터 천천히 읽자

- 문제에 주어진 조건 잘 보자

10초 안에 방법이 생각나지 않으면
넘긴 후에 다시 돌아와라!

쉬운문제에서 미끄러지지말자
검토 철저하게!!!

[헷갈렸던 수학 공식들과
멘탈 관리를 위한 메모]
수학 문제를 풀면서 몰랐던 공식, 잘 외
워지지 않는 공식, 알고 있으면 문제 풀
이 시간이 단축되는 풀이 세 가지를 정
리했다. '시험을 보기 전에'라고 쓰여 있
는 주의사항은 내가 모의고사에서 뼈아
프게 몇 점씩 깎여가면서 깨달은 나의
실수들이다. 정리해놓고 '참 다양하게도
틀렸구나' 하면서 헛웃음을 지었던 기억
이 난다.

12   수학 영역(나형)

29. 연필 7자루와 볼펜 4자루를 다음 조건을 만족시키도록 여학생 3명과 남학생 2명에게 남김없이 나누어 주는 경우의 수를 구하시오. (단, 연필끼리는 서로 구별하지 않고, 볼펜끼리도 서로 구별하지 않는다.) [4점]

> (가) 여학생이 각각 받는 연필의 개수는 서로 같고, 남학생이 각각 받는 볼펜의 개수도 서로 같다.
> (나) 여학생은 연필을 1자루 이상 받고 볼펜을 받지 못하는 여학생이 있을 수 있다.
> (다) 남학생은 볼펜을 1자루 이상 받고 연필을 받지 못하는 남학생이 있을 수 있다.

연필 $\begin{bmatrix} 1.1.1 \\ 2.2.2 \end{bmatrix}$ 볼펜 $\begin{bmatrix} 1.1 \\ 2.2 \end{bmatrix}$

① 여 1.1.1   ✗   남 1.1
    연필 4   볼펜 2
    $_{2}H_4 \times _{3}H_2 = 5(4 \times 4(_2 = 30$

② 여 1.1.1   남 2.2
    연필 4   볼펜 0
    $_{2}H_4 \times _{3}H_0 = 5(4 \times 2(_0 = 5$

③ 여 2.2.2   남 1.1
    연필 1   볼펜 2

[헷갈렸던 수학 문제]
9월 모의고사 당시에는 머리가 하얘져서 30번을 전혀 못 풀었는데, 복기할 때 다시 풀어보니 생각보다 너무 쉬워서 허망했던 기억이 있다. 수능장에 이 문제를 가져가 '킬러 문제에 처음부터 겁먹지 말자'는 생각을 하면서 풀이를 계속 복습했다.

---

30. 최고차항의 계수가 1인 사차함수 $f(x)$에 대하여 네 개의 수 $f(-1)$, $f(0)$, $f(1)$, $f(2)$가 이 순서대로 등차수열을 이루고, 곡선 $y = f(x)$ 위의 점 $(-1, f(-1))$에서의 접선과 점 $(2, f(2))$에서의 접선이 점 $(k, 0)$에서 만난다. $f(2k) = 20$일 때, $f(4k)$의 값을 구하시오. (단, k는 상수이다.) [4점]

$f(x) = (x+1)x(x-1)(x-2) + ax + b$

$f'(x) = (x+1)x(x-1) + (x+1)x(x-2) + (x+1)(x-1)(x-2) + x(x-1)(x-2) + a$

$f'(-1) = (-1)\cdot(-2)\cdot(-3) + a = a - 6$

$f'(2) = 3\cdot2\cdot1 + a = a + 6$

$f(-1) = -a + b$ $f(2) = 2a + b$

$y = (a-6)(x+1) - a + b = (a-6)x + a - 6 - a + b = (a-6)x + b - 6$

$y = (a+6)(x-2) + 2a + b = (a+6)x - 2a - 12 + 2a + b = (a+6)x + b - 12$

$ax - 6x + b - 6 = ax + 6x + b - 12$

$12x = 6$ $x = \frac{1}{2}$ $k = \frac{1}{2}$

$\frac{1}{2}a + b - 6 = 0$
$\frac{1}{2}a + b = 9$ (대칭)
$a + 2b = 18$

$f(1) = a + b = 20$
$b = -2$ $a = 22$

$f(x) = (x+1)x(x-1)(x-2) + 22x - 2$

$f(2) = 44 - 2 = 42$

                 42

• 확인 사항
○ 답안지의 해당란에 필요한 내용을 정확히 기입(표기)했는지 확인하시오.

리얼모의고사 1회

"유의미한 차이" 개념 수용
"유의미한 차이 X" 개념 기각 } → 개설 (귀각)

질적연구 → 연구 대상·내부자적 관점

┌ 2차집단은 이익사회이다 (O) ┐
└ 1차집단은 공동사회이다 (X) ┘

비교론 제3자의 시각에서 문화 객관적으로 바라봄
상대주의 내부자, 행동자의 시각, 맥락적 이해

"○○회사에 낱았다" → 자문화 중심주의 태도 (X)
공동성 (O)

'사회계층화는 사회 구성원 모두가 공유하는 가치를 반영한다'
→ 기능론

리얼모의고사 2회

┌ 소속 집단은 모두 내집단이다 (X) ┐
└ 역할 갈등은 반드시 역할에 부합한다 (X) ┘

자료수집상황 통제정도 : 실험 > 질문지 > 면접 > 참 관

관료제 : 수직적으로 계층화되고
(수평적)으로 기능상분업 체제
'수평적' ≠ 탈관료제

"제재에 국가의 근대화를 긍정적으로 인식한다" 근대화론 (O)
종속이론 (O)

빈곤율 ↗↘ 빈곤선 ↗↘

절대 상대 반드 분류, '대비', '중' 계대로 확인

리얼모의고사 3회

역할, 지위 문제 주체 경차리 파악, 행동 결과 파악

반문화, 하위문화의 수가 늘어들면 전체문화 요소 ↓ (X)

수혜자 비용 부담 원칙 사회보험, 사회서비스
본인부담의 원칙 사회서비스

"공업화를 근대화의 필수 요건으로 간주한다" 근대화론 (O)
종속이론 (O)

리얼모의고사 4회

'무작위로 선정' → 대표성 확보

과거에는 김장을 마치면 김칫독을 땅에 묻어 보관을
하였는데, 과학 기술의 발달로 김치 냉장고가 만들어
지면서 오늘날에는 이런 모습을 찾아보기 힘들다.
(전체성) 과학기술 → 음식문화

물질문화 ↗기능

근대화는 '미발전' 종속이론 '저발전'

자국의 문화 요소 2개 or 타국 1개 자국 1개
공존하는 상황에서 자국의 문화요소 1개만 남으면
동화가 아니다!!!

리얼 모의고사 5회

'결혼식에서 드레스를 입고 예식을 치르고
혼례으로 갈아입고 폐백을 드리는 것' 공존 (X)
융합 (O)

관료제 조직의 바탕 산 > 정 > 공

사회보장제도 예시
농·산·정 선지 정리
대응여야에 선지 정리
관계제 > 행긴관계 } (원서 바뀌기)

4 (사회 · 문화)   사회탐구 영역

16. 그림은 사회 집단 또는 사회 조직 A, B를 질문 (가), (나)에 따라 구분한 것이다. 이에 대한 설명으로 옳은 것은? [3점]

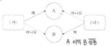

A 이익 B 공동

① (가)가 '구성원의 선택적 의지에 따라 형성된 집단인가?'라면, A에는 학교, B에는 종친회가 들어갈 수 있다. ✗

② (나)가 '형식적 · 수단적 인간 관계가 지배적으로 나타나는가'라면, A에는 회사가, B에는 또래 집단이 들어갈 수 있다. ✗

③ A가 시민 단체라면, (가)에는 '구성원의 지위와 역할이 명확하게 규정되어 있는 집단인가?', (나)에는 '구성원의 본질적 의지에 따라 자연 발생적으로 형성된 집단인가?'가 들어갈 수 있다. B 비공식조직

④ B가 회사 내 동호회라면, (가)에는 '공동의 이해 관계와 관심을 가진 사람들이 자발적으로 만든 집단인가', (나)에는 '공식 조직 내에서 구성원 간의 친밀한 관계를 바탕으로 형성된 조직인가?'가 들어갈 수 있다. B 공식조직

⑤ A가 기업의 노동 조합이고 B가 대학 총동창회라면, (가)에는 '주로 공식적 규범을 통해 구성원을 통제하는가', (나)에는 '구성원들의 직접적인 접촉을 통한 전인격적 관계에 기초한 집단인가?'가 들어갈 수 있다. ★ B 1차 A 2차

17. 표는 A~C의 일반적인 특징을 비교한 것이다. 이에 대한 설명으로 옳은 것은? (단, A~C는 각각 농업 사회, 산업 사회, 정보 사회 중 하나이다.) [3점]

구분	비교 결과
A 농	정보 이용의 시 · 공간적 제약성이 B, C에 비해 크다.
B 정	2차 산업 비중이 C에 비해 낮다.
C 산	

농<산<정 (가)

① A는 C에 비해 직업의 이질성이 높다. ✗

② B는 A에 비해 가정과 일터의 결합도가 낮다. ✗

③ A는 B, C에 비해 비대면적 의사소통의 비중이 높다. ✗

④ C는 A, B에 비해 관료제 조직의 비중이 낮다. 산업 ✗

⑤ (가)에는 '1차 소수 생산 비중이 B에 비해 높다'가 들어갈 수 있다. 정상

18. 빈곤 유형 A, B에 대한 설명으로 옳은 것은? (단, A, B는 각각 상대적 빈곤, 절대적 빈곤 중 하나이다.)

◉ 학습 주제: 빈곤 유형

1. A 절대
 - 최소한의 생활 수준을 유지하기 곤란한 상태
 - 우리나라에서는 가구 소득이 최저 생계비 수준에 미치지 못하는 가구를 A 가구로 분류함

2. B 상대
 - 사회 구성원 다수가 누리는 생활 수준에 이르지 못한 상태
 - 우리나라에서는 가구 소득이 중위 소득의 50%에 미달하는 가구를 B 가구로 분류함

① A는 상대적 박탈감과 관련된 의미로 사용된다. ✗

② A, B에 해당하는 가구는 모두 객관화된 기준에 의해 분류된다. 상대수소득 ✗

③ B에 해당하는 가구는 A에 해당하지 않는다. (중복될수있음)

④ A에 따른 빈곤율과 B에 따른 빈곤율을 더하면 전체 빈곤율이 된다. ✗

⑤ 우리나라에서 최저 생계비가 중위 소득의 50%에 미치지 못할 경우 B에 해당하는 가구는 모두 A 가구에 포함된다. ✗

20

19. 교육을 바라보는 갑, 을의 관점에 대한 설명으로 옳은 것은?

현대 사회는 높은 전문성을 지닌 인력을 필요로 합니다. 개인의 전문성을 신장시키기 위한 것이 교육의 확대를 통해 사회적으로 필요한 인재를 적재적소에 배치해야 합니다.   기능 갑

옳지 않은 것은 그게 아닙니다. 교육의 내용은 읽기 방식이 모든 계층에 공통되어지도록 바꾸는 것이 우선입니다. 이러한 근본적인 변화 없이 그냥 교육을 확대하는 것은 계층 재생산을 영속화할 뿐입니다.   갈등 을

① 갑의 관점은 을의 관점과 달리 교육이 사회 이동의 가능성을 제한한다고 본다. 갈등 ✗

② 갑의 관점은 을의 관점과 달리 교육 주체들이 교육에 대해 부여하는 의미가 불일치할 때 갈등이 발생할 수 있다고 본다. 상징작 ✗

③ 을의 관점은 갑의 관점과 달리 교육과 위계적인 직업 구조가 사회 통합에 기여한다고 본다. 기능 ✗

④ 을의 관점은 갑의 관점과 달리 가정 배경이 교육적 성취의 차이에 결정적인 영향을 미친다고 본다. 갈등 ○

⑤ 갑, 을의 관점은 모두 교육적 성취의 차이에 따른 사회적 희소 가치의 차등 배분을 강조한다고 본다.

20. 다음 자료에 대한 옳은 분석만을 <보기>에서 있는 대로 고른 것은? [3점]

갑국의 계층은 상층, 중층, 하층으로만 구분되며, A~C는 각각 상층, 중층, 하층 중 하나이다. 부모 세대의 계층 구성비는 A : B : C = 3 : 6 : 1이고, 모든 부모의 자녀는 1명씩이다.

<부모 세대와 자녀 세대 간 계층 이동 현황>
(단위: %)

구분	A 상	B 중	C 하
부모 세대 계층 대비 부모 세대와 자녀 세대의 계층 일치 비율	50	25	50
자녀 세대 계층 대비 부모 세대와 자녀 세대의 계층 불일치 비율	25	50	90

- 자녀 세대 A는 부모 세대보다 계층이 낮을 수 없다. 상

거주와 여가 공간

떠무↔주거 지역

법정동 대비 행정동 : 주거 > 업무 (인구배려)

대도시권 용어

연담도시화, 중심 5시간·위성도시의 시세지역이 되는 현상

(기출문제보기)

생산과 소비의 공간

자원 고갈 가능성 순서

화석연료 - 동식물 - 비금속 - 금속 - 물·공기 - 태양

└─ it depends on you! ─┘

광물 자원

철광석 100%, 석회석 강원 90%, 총북 30%, 고령토 강원 40%, 경남 %

채굴 시기

원자력 1978년, 천연가스 1984년

발전 2차에너지 양식 분포

화력 충남, 경남, 인천

원자력 전남(울진,경주), 전남(영광), 울산, 부산

수력 한강유역, 낙동강유역

┌ 일반수력 : 화천댐, 소양강댐 / 안동댐, 합천댐
└ 양수식 : 양양, 청평식

+) 원자력 : 수도에 탄력적으로 대응하기 어렵다

┌ 화력 : 빈공해 O
└ 수력 : 빈공해 X

주요 작물 면적, 생산량

| 면적 | 쌀 > 채소 > 과수 > 맥류 |
| 생산량 | 채소 > 쌀 > 과수 > 맥류 |

면적(전국단위) 생산량 강 : 채소 > 과수 > 쌀

농업 특징

- 호당 경지면적 ↑
- 겸지이용률 ↓
- 영농의 다각화 (작물적성 ↓, 채소·과수 ↑)

지역 이해

공간 정보 위치, 현대

통계 지도 유선도, 양, 흐름

도형표현도, 여러 주제

기타

경기도 제조업 출하액

① 남서부 지역 (화성 1위, 시흥, 안산)

② 이천 (SK하이닉스), 파주 (LG 디스플레이)

기타 공단 특징

① 영남권 전자·기계지향 대기업 공업 1위

② 1인 이상 제조업체 대전 이남으로 하면
   서울의 종사자 수 5위 안

③ 1인당 섬유 생산액 → 울산 1위
   제2집 종사자당 출하액 → 전남2·울산

갯벌 현황

1위 전남, 2위 경기·인천, 3위 충남

시험을 보기 전에...

꼼꼼히 읽었다. 모르면 패스.

- 지리가 남들통 바른 대처 떠날거다.
  겁내지 말고 꼼꼼히 자료 분석해라.

- 여러번 확인하자. 최대한.

[헷갈리는 한국지리 개념과
오답 정리 1페이지 (앞)]
한국지리는 워낙 암기할 내용이 많기 때문에 열심히 공부해도 잘 기억나지 않는 사소하고 지엽적인 내용이 있다. 그래서 꼭 기억해야 할 통계 자료나 문제에 출제되었는데 기억나지 않았던 내용을 최대한 간소화해 적었다. 너무 많은 내용을 담아도 어차피 내가 기억하지 못하기 때문이다.

KTX 2004년

기본 암기

도시인구 필쌀기

100만 성동수교행어 (성남,분당 수원,고양) 창원
80만 부천 청주
70만 안산, 화성
60만 전주, 천안, 남양주
50만 안양, 김해, 포항, 평택, 거주
30만 원주, 세종, 여주

9개도별 인구 1위 5시

경기 수원 (100만)　　전북 전주 (60만)
강원 원주 (30만)　　전남 여수 (30만)
충북 청주 (80만)　　경북 포항 (50만)
충남 천안 (60만)　　경남 창원 (100만)
　　　　　　　　　　제주 제주 (50만)

국토인식

고지서·고지도

택리지 지리(풍수지리), 생리(배후편의 교통 편리한 경제 등 타당)
인심 (인간기), 산수 (휴식)

대동여지도 : 대축척, 산지 반영성 X, 산지웨=국맥

위치

지리적위치 유라시아 대륙 동안 → 대륙 서안보다 연교차 ↑

영토

- 통상기선 : 최저 조위선
- 울릉도 최간거리 + 인접3 영도 최간거리

기후환경

기온 암기 사항

1월기온　인제　홍천　대관령　강화　울진　　서귀포
　　　　-2.1℃ -5.5℃ -7.9℃ 0.4℃ 1.4℃　　6.8℃
산지통 해독풍 강은 날 강함

식생 분포

난대림 생초 찰엽수림, 조엽4림
겨울 여름한 제주도, 남해안 울흐로 저위대

고도
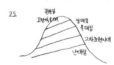
고산식물대
쌍떼림
후대림
고사초원지대
난대림

열섬 현상
겨울밤중 바람이 불지 않는 날

기온역전현상
맑고 건조한 날씨 수록,
평탄한 분지에서
밤과 새벽 사이에
기온역전, 안정, 안개 (복사)

지형환경

시·원생대	고생대		중생대			신생대
변성암	조선누	평안계	대동계	경상계	제3계	제4계
					반대지체운동	화산지형

부전 대평대, 강남 고원

... 태백 마천령
... 침식
경기운동 (랴오둥) → 2차
김영곡류 해식
지반융기
하천 침식기준면 하강
평안강 평안북도-평안남도
대동강 평안북도-황해도

시구 : 외계포집기

기온 어번져스

대관령 - 사계절 평균 온도 ↓↓
　　　　- 우리나라 지역 중 3위 더우지 (1900mm)

강릉 - 1월 평균 기온 0.4℃
　　　(서호, 인천, 대관령 훈천 등보다 ↑)
　　　- 다지만 but 여름 강수량 강수량 품울↓

울릉도 - 1400mm
　　　- 여름강수량 (400mm) > 겨울 강수량 (300mm)

기온 문제가 나왔을 때?!

- 상댓값 고갶꾸 · 순서대로 나열하여 품다
- 암내용 데만 의존 X, 자료 모두 보고 꼼꼼히
- 종합적 판단하기

[헷갈리는 한국지리 개념과
오답 정리 1페이지 (뒤)]
한국지리는 한 선생님의 인터넷 강의와
현장 강의로만 공부했기 때문에 그 선생
님이 만든 각종 줄임말이나 암기 요령을
담았다. 특정 문제 유형이 나왔을 때 어
떻게 풀어야 할지 나름의 풀이 과정을
정리하기도 했다.

2 (한국 지리) 사회탐구 영역

6. 다음은 우리나라 하천에 대한 다큐멘터리 대본이다. 밑줄 친 ⊙, ⓒ과 지도의 A, B에 대한 설명으로 옳은 것만을 <보기>에서 고른 것은? [3점]

저는 울진군 남대천에 있는 안녕동 마을에 와 있습니다. 이 마을에는 비가 올 때만 물이 흘러내리는 약 7m 높이의 ⊙광폭폭포가 있습니다. 강물은 평소에 ⓒ마을을 돌아 유유히 흐르지만, 비가 감물이 불어나면 ⓒ폭포를 지나가는 물길로 더 많이 흘러갑니다. 비 올 때 폭포의 풍경이 장관입니다.

광성시

강우시

<보기>
상류 하천 - 중류 - 하류 X
ㄱ. ⊙유로는 강우에 의해 하천 수위가 주기적으로 변한다.
ㄴ. 하상의 평균 경사는 ⊙유로보다 ⓒ유로가 급하다.
ㄷ. A에서는 침식보다 퇴적이 우세하다. 경계사면 × 침식
ㄹ. B에서는 둥근 모양의 자갈이 발견된다. 하안단구

① ㄱ, ㄴ ② ㄱ, ㄷ ③ ㄴ, ㄷ ④ ㄴ, ㄹ ⑤ ㄷ, ㄹ

7. (가)~(다) 도시에 해당하는 기후 그래프를 A~D에서 고른 것은? [3점]

(가) 금강과 만경강 사이에 위치한 항구 도시로, 큰 조차를 간 극복하여 선박을 접안하고자 만든 뜬다리 부두가 있으며, 새만금 간척지가 개발되고 있다.

(나) 영남 내륙 지역에 위치한 광역시로, 과거 섬유 공업이 대구 발달하였고 최근에는 첨단 의료 복합 단지 유치를 통해 고부가 가치 산업의 비중을 높이고자 노력하고 있다.

(다) 영동 지방에서 인구 규모가 가장 큰 도시로, 정동진 해안 강릉 단구는 이 지역의 대표적인 관광 자원이며, 동계 올림픽 개최를 계기로 서울과의 접근성이 향상되었다.

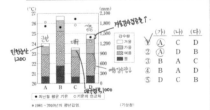

가장강수량↑
인천경산 1200
여름강수량
해안경북 1000

	(가)	(나)	(다)
①	Ⓐ	B	D
②	Ⓐ	C	B
③	B	A	C
④	B	D	C
⑤	D	A	B

8. 다음은 자연재해에 대한 수행 평가 활동지의 일부이다. (가)~(다)에 대한 설명으로 옳은 것은?

수행 평가 활동지

● 주제: 자연재해에 대응 국민 행동 요령

자연재해	국민 행동 요령
폭염 (가) 여름	• 야외 활동을 자제하되 자제하고, 외출이 꼭 필요한 경우에는 물병을 휴대한다. • 냉방이 되지 않는 실내에서는 햇볕을 가리고 맞바람이 불도록 환기 한다.
(나) 여름	• 붕괴에 날아갈 위험이 있는 물건은 단단히 고정한다. • 지지대 및 상습 침수 지역에 거주하는 주민은 대피를 준비한다.
(다)	• 내 집 주변 빈 공간에는 염화칼슘이나 모래 등을 뿌려서 사고를 예방한다. • 붕괴가 우려되는 농작물 재배 시설은 사전에 점검, 보강하고 보강한 보강 등을 실시한다.

여름 가뭄 폭설 (바다효과)
① (가)는 북서 계절풍의 영향으로 서해안에서 자주 발생한다. ✗
② (나)는 중국 내륙에서 발원한 황사를 동반한다. ✗
③ (다)는 남고북저형 기압 배치가 전형적으로 나타나는 계절에 주로 발생한다. 여름
④ (나)는 (다)보다 해일을 발생시킬 가능성이 크다. O
⑤ 정주간은 (가), 우데기는 (다)를 대비한 전통 가옥 시설이다. 폭설에서

9. 그래프는 지도에 표시된 세 지역의 특성을 나타낸 것이다. (가)~(다) 지역에 대한 설명으로 옳은 것은? [3점]

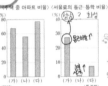

(가) 전체 중 아파트 비율 (서울로의 통근·통학 비율)
화성
통근비율 ↑
경상
4S 건너 혁신5A X

① (나)에는 공공 기관 이전을 위한 혁신 도시가 위치해 있다. ✗
② (다)에는 수도권 1기 신도시가 조성되었다. ✗ 서울(강남) 가구수↑
③ (가)는 (다)보다 전체 농가 중 겸업 농가의 비율이 높다. O

[헷갈렸던 한국지리 기출문제]
문제를 먼저 푼 다음, 파란색으로 내가 생각한 문제의 풀이를 적었다. 그리고 답지를 확인하면서 내가 놓친 중요한 풀이 과정을 빨간색으로 표시했다. 내가 알고 있는 개념과 간과했던 개념이 한눈에 보이도록 정리한 것이다.

국어 끝난 홍민영에게

수학 끝난 홍민영에게

영어 끝난 홍민영에게

사탐 끝난 홍민영에게

국어 끝난 홍민영에게

이제 더 이상 생각하지 마
잘 봤든 못 봤든 괜찮아
옆에 신경쓰지 말고 수학풀어
수학만 하면 반 끝이다
화이팅!!!

수학 끝난 홍민영에게

야 잘했어 수고했어 반 왔다
밥 체하지 않게 꼭꼭 씹어먹고
지난시험 생각하지마라
이제 보는 거에서
1점이라도 더 올리자!!

영어 끝난 홍민영에게

그래도 이건 좀 괜찮았지?
이러했어도 괜찮아
한지 사문 50점 가즈아
사탐은 꼼꼼하게!!
끝까지 화이팅♡♡

수능장에서는 사소한 요인에도 쉽게 집중력이 흔들리고 신경 쓰이는 게 많다고 들었다. 그래서 멘탈 관리를 하기 위해 나에게 편지를 썼다. 매 교시 시험이 끝날 때마다 접어두었던 메모지를 펼쳐서 읽어봤고, 나름 마음을 진정하는 데 큰 도움이 되었다. (사실 민망해서 혼자만 보려고 친구들한테도 안 보여줬는데 이런 식으로 공개하게 될 줄은 몰랐다.)

영어는 EBS의 유명한 인터넷 강의 선생님이 EBS 연계교재 지문 중 중요하거나 출제 가능성이 높은 지문을 골라서 모의고사 형태로 재편집한 자료를 그대로 수능장에 들고 갔다. 한 회당 문제가 6개 정도인 모의고사 1~15회분을 모두 가져갔다.

영어는 절대평가여서 난이도에 상관없이 90점만 넘으면 1등급을 받을 수 있었기 때문에 다른 과목만큼 수고를 들이지 않았다. 게다가 문제 유형만 같을 뿐 지문의 내용은 그때그때 달라지기 때문에 내용을 정리하는 것도 의미가 없어서, 중요한 연계교재 지문 본문을 그대로 들고 가서 수능장에서 보는 것이 낫다고 판단했다.

15회분의 모의고사 양이 꽤 많았기 때문에 내가 처음에 풀었을 때 어렵다고 표시했던 지문과 선생님께서 특히 중요도를 강조하셨던 지문을 위주로 가볍게 훑어보았다. 영어 시간 전에 점심시간이 있어서 준비할 시간이 상대적으로 넉넉했기 때문에 한 번 정도 읽어보려고 표시했던 지문은 다 볼 수 있었다.

이렇게 각 과목당 클리어 파일 하나에 모든 자료를 넣어갈 수 있었다. 수능 날 7시 반 정도에 수능장에 도착한 후, 국어 시험이 시작하기 전 모든 자료를 한 번씩 훑어볼 수 있을 정도로 최소한만 가져갔다. 30분 정도면 다 볼 수 있는 자료이니 그리 많지 않은 양이라는 것을 알 수 있을 것이다.

이렇게 간단한 자료를 만드는 데 나는 왜 3주나 걸렸을까?

수능이 다가오면 학생들의 머릿속에는 여러 과목의 개념과 지식이 넘쳐난다. 그동안 배운 것도 많고 푼 문제도 많기 때문이다. 그래서 수능이 얼마 남지 않았을 때는 그 지식들을 중요도순으로 정리해볼 필요가 있다. 버릴 것은 버리고 챙길 것만 챙겨야 한다. 3주 동안 나는 먼저 이 '정리해야 할 내용'을 한 번 간추린 다음, 그 내용 중에서 '가장 중요한 내용'을 다시 한 번 요약해내는 데 시간을 투자했다.

그동안 공부했던 문제집이나 모의고사를 일일이 뒤져가면서 틀렸던 문제를 확인하고, 그 문제에 적용되는 개념을 정리해보라. 꽤 번거로운 작업일 수 있다. 나도 수능 날 가져갈 과목별 한 페이지를 만드느라 예전에 풀었던 수학 모의고사 30~40개 정도를 일일이 확인해가면서 부족한 부분을 살펴보았고, 거의 버리다시피 사물함에 넣어두었던 국어 모의고사를 한 장 한 장 다시 꺼내다가 오답 정리를 했다.

이 과정에서 내가 예전에 중요하다고 표시했지만 지금은 잊어버린 개념을 발견하기도 했고, 예전에는 맞았는데 지금 풀어보니 틀려서 몇 번이고 다시 풀어본 문제도 있었다.

수능 날 보기 위한 자료를 만들기 위해 한 페이지 정리를 시작했지만, 결국 그 정리를 하면서 나는 3주간 몇 개월 동안 공부해왔던 내용을 총정리할 수 있었다. 내가 이 방법을 '한 페이지 정리법'이 아닌 '한 페이지 공부법'이라고 명명한 이유도 같은 맥락이다.

Chapter 2

수능·내신 다 잡는
공부 계획 세우기

☆☆☆

공부 계획을 세워야 하는 이유

초등학교, 중학교, 고등학교를 거치면서 우리는 수많은 과목을 배운다. 주요 과목이라고 불리는 국어, 영어, 수학뿐만 아니라 사회, 과학, 도덕, 기술·가정, 한문, 역사 등 공부해야 할 게 한두 가지가 아니다. 각 과목마다 공부해야 할 개념과 풀어야 할 문제집이 수두룩하다.

플래너를 왜 쓰냐고 묻는 사람들의 대표적인 주장은 '내가 무엇을 공부해야 하는지 다 기억이 나는데 왜 번거롭게 플래너를 쓰냐'는 것이다. 나는 이런 사람들이 공부의 절대량이 적거나, 자신의 기억력을 과대평가하고 있다고 생각한다.

물론 백 명 중 한 명은 진짜 자신이 어떤 과목을 얼마나 공부했고 다음에는 얼마나 더 공부해야 하는지 모조리 외우고 있을 수도 있다.

하지만 일반적인 학생의 입장에서 생각해보면 이는 불가능하다. 시험을 위한 준비를 모두 마쳤다고 생각했는데, 하루 전에 풀지 않은 중요한 문제집이 갑자기 생각나서 밤을 새워야 할 수도 있다.

플래너는 미래의 공부를 계획할 때뿐 아니라 과거의 공부를 돌아볼 때도 중요하다. 플래너를 통해 내가 어제까지 얼마나 공부했는지 되돌아보고, 만약 이제까지의 공부량이 부족하다면 오늘부터 얼마나 더 공부해야 할지 계획을 짤 수 있다. 플래너를 쓴다고 갑자기 공부에 집중이 잘 된다거나 하는 극적인 효과는 당연히 없지만, 플래너를 쓰면 좀 더 체계적으로 공부할 수 있는 기틀이 만들어진다.

중학교 시절 장기 계획표 짜기

지금 생각해보면 중학교 때 공부는 정말 단순하고 쉬웠다. 동아리 활동도 부담이 없었고 내신 공부 말고는 할 게 없었다. 내신 성적을 결정할 때 발표나 토론 같은 수행평가보다는 중간고사, 기말고사의 비중이 압도적으로 높았기 때문에, 나는 중학교를 다니면서 내신 공부를 열심히 하는 것을 제1 순위로 생각했다.

게다가 중학교 때는 상대평가가 아닌 절대평가로 성적을 산출했다. 그래서 굳이 스트레스 받아가면서 1등을 하려고 친구들과 치열하게 경쟁할 필요도 없었고, 내가 할 수 있는 만큼만 최선을 다해서 공부하면 A를 받는 것은 어렵지 않았다. 교과서 출판사마다 맞춤 내신 문제집이 있었고, 그 문제집과 교과서 필기만 제대로 살펴보면 시험에서 좋은 성적을 얻을 수 있었다.

시간 여유도 있었기 때문에 중학교 때는 시험 4~5주 전부터 그 시험 공부를 위한 계획을 짜고 그걸 실행하는 것이 가능했다. 파워포인트로 한 달 계획표를 만들어 인쇄하고, 문제집 한 권을 어떻게 한 달 안에 끝낼지 미리 모든 계획을 세워놓았다. 학교가 끝나고 학원에 다녀온 뒤 독서실에 앉아 그 계획대로만 공부하면 시험을 대비하는 데에는 문제가 없었다.

당연히 고등학교에 입학해서도 똑같이 공부하려고 했다. 중학교 3학년을 마치고 겨울방학 때 고등학교에 올라가서 풀 수학과 국어 문제집, 영어 단어장을 미리 사놓았다. 그리고 개학하면 뭐부터 공부할지 중학교 때와 똑같이 종이 한 장에 모두 적었다.

하지만 고등학교는 중학교와 너무 달랐다. 우선 대학 입시를 준비하는 일반적인 고등학생이라면 수시 전형에 대비해야 하고, 특히 학생부 종합전형은 내신뿐만 아니라 봉사, 동아리 등 비교과 활동을 챙겨야 한다. 상대평가로 성적이 산출되기 때문에 계속 친구들과 경쟁하면서 최대한 높은 순위를 차지해야 하고, 내신과 수능 대비를 동시에 해야 한다.

결국 난 개학 전에 알차게 세워놓았던 모든 계획을 접고, 고등학교의 새로운 공부 방식과 생활에 적응하기 위해 온전히 노력을 기울여야만 했다. 아마 나뿐만 아니라 고등학교에 새로 진학한 중학생들은 모두 이런 시행착오를 겪었을 것이다.

고등학교, 공부 계획법도 달라야 한다

중학교 공부와 고등학교 공부는 확연히 다르다. 공부의 종류나 깊이가 중학교 때와 달라서 처음 고등학교 문제를 보면 당황할 수밖에 없다. 나도 고등학교로 올라가기 직전 겨울방학 때, 고등학교 국어 모의고사에 나온 고전시가 문제를 보고 당황한 기억이 있다. 중학교 때 고전시가를 공부할 때는 옆에 해석본이 제시되어 있었는데, 고등학교 모의고사에서는 해석본 없이 직접 고어(古語)를 이해해야 했기 때문에 처음에는 문제를 아예 풀 수 없었다.

이렇게 중학교 공부와 고등학교 공부는 너무 다르기 때문에 그 계획법에 있어서도 차이를 두어야 한다. 그래서 난 고등학교 1학년 때 여러 가지 방법을 시도했었다.

첫째, 아예 계획을 세우지 않고 그날그날 필요하다고 생각하는 공부를 해보았다. 하지만 그냥 공부 말고도 할 게 많아서 오히려 계획을 세우지 않으면 미뤄지는 일들이 너무 많았다. 계획을 세우는 건 불가피했고, 어느 정도의 기간에 대한 공부를 어떻게 계획할지의 문제를 고민하기 시작했다.

둘째, 단기간 계획 세우기를 시도해보았다. 매일 밤 다음 날 계획을 세우거나, 3시간 정도 주기로 10분마다 시간을 쪼개어 계획을 세우기도 했다. 확실히 그날그날 필요한 공부나 수행평가, 동아리 활동 등을 해결하는 데에는 큰 도움이 되었으나 꾸준히 공부해야 하는 수학 같은 과목을 챙기지 못하는 문제가 생겼다.

그래서 마지막, 장기적인 계획을 세우는 단계를 선택해야만 했다. 하지만 앞서 언급했듯이 중학교 때처럼 한 달 정도의 장기 계획을 세워서 지키기는 너무 힘들었다.

그래서 짧게는 3일, 길게는 7일 정도를 한 공부 단위로 잡고 계획을 세웠다. 이 기간 안에 끝내야 할 공부량을 설정해놓고, 중학교 때처럼 각 날짜에 공부량을 균형적으로 배분하려고 했다. 동아리 활동이나 학교 행사를 고려하여 유동적으로 계획을 짜기도 좋았다.

예를 들어, 3일에 걸쳐 문제집 30쪽을 풀기 위해 하루에 10쪽씩 풀기로 계획을 세워놓았다고 하자. 그런데 첫날에 갑작스러운 학교 행사가 생겨 공부를 못했다면, 남은 이틀 동안 하루에 15쪽씩 문제집을 푸는 것으로 계획을 변경하면 된다.

☆☆☆
나의 공부 습관을 만들어준
4가지 플래너

나는 한 번도 플래너 한 권을 오롯이 다 써본 적이 없다. 거의 다 쓴 적은 있어도 모든 플래너를 중간에 바꾸었다. 물론 플래너를 한 번 사놓으면 다 쓰지 않았을 때 아까운 느낌이 드는 게 사실이다. 하지만 자신의 공부에 도움이 안 된다면, 비록 단 한 장도 쓰지 않은 플래너라도 과감히 버려야 한다.

　나는 고등학교 2학년 때부터 수험생활이 끝날 때까지 플래너 종류를 총 세 번 바꾸었다. 단순 변덕은 아니었고, 바꿀 때마다 각각의 이유가 있었다. 이런 내 경험을 바탕으로, 그때그때 상황과 학생의 특성을 고려하여 어떻게 플래너를 선택해야 하는지 말해보고자 한다.

복습이 편리한 '일반 노트 플래너'

계획의 필요성은 느꼈지만 굳이 플래너를 마련해야 한다는 생각이 없었을 때 사용한 방법이다. 평소에 사용하던 줄노트에 계획을 짠 후 남는 자리는 그날 배운 내용을 복습하는 데 사용했다.

새로운 플래너를 사면 그 플래너의 형식에 자신의 공부 방법을 맞추느라 시간을 허비하는 학생들이 꽤 있다. 하지만 노트를 그대로 사용하면 자신이 원하는 대로 계획을 짜고 실행할 수 있어서 그런 불필요한 시간 소비가 줄어든다.

나는 고등학교 2학년 초반에 약 2~3개월 동안 이렇게 계획을 짰다. 이미 노트가 많은데 플래너를 사는 게 낭비라고 생각했고, 평소 공부 때문에 당일 공부 복습을 하기 힘들어서 이 방법을 사용했다. 계획을 많이 세워도 계획을 세울 노트 자리가 모자라지 않았고, 계획을 적게 세워도 노트가 비었다는 느낌이 없었다. 쉬는 시간이나 점심시간 같은 자투리 시간에 바로바로 복습할 수 있어서 좋았다.

단점은 플래너의 크기가 너무 크다는 것과 시간이 지날수록 노트가 '플래너'로서의 정체성이 약해진다는 점이다. 그날그날 공부할 양에 따라 달라질 수 있겠지만 이 노트 한 면을 계획이나 복습으로 채워야 한다는 강박이 원활한 계획 수립을 방해할 수도 있다. 또 계획칸이 정해져 있지 않고, 주로 복습용으로 사용하기 때문에 어느 순간 플래너가 아닌 이것저것 모두 적는 노트가 될 수도 있다.

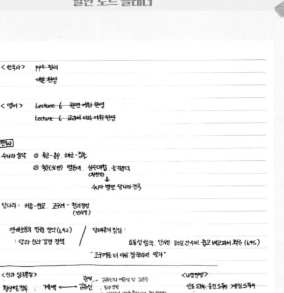

추천하는 학생 유형

- 그날그날 배운 내용을 간단하게 복습하고 싶은 학생.
- 플래너를 꾸밀 자신이 없는 학생.
- 형식에 얽매이기 싫은 학생.

그날 계획이 한눈에 보이는 '할 일 목록 플래너'

2학년 2학기 중간고사가 끝난 뒤, 플래너를 바꾸었다. 기존에 쓰던 노트보다 크기가 조금 더 작고 계획 칸이 나누어져 있는 플래너를 마련했다. 이게 시중에서 파는 가장 일반적인 플래너의 유형일 것이다. 주변에도 이런 간단한 플래너를 쓰는 친구들이 정말 많았다. 위쪽에 날짜를 적을 수 있고, 계획을 잘 지켰는지 확인할 수 있는 공간이 있다.

나는 '공부 계획'과 '해야 할 일'을 나누어서 계획을 세웠다. 아직 2학년 때였기 때문에 내신이나 모의고사 공부 말고도 수행평가, 토론, 동아리 등 챙겨야 할 비교과 활동이 많아서이다.

장점은 명백하다. 내가 오늘 뭘 해야 할지 한눈에 잘 보이고, 직접 플래너 형식을 만드는 번거로움이 없어진다. 노트보다 플래너 자체의 크기도 작아서 어디든 들고 다니기 편리하다. 하지만 기본 중에 기본인 플래너이기 때문에 다른 플래너의 장점이 없다는 것이 단점이다. 언제 무엇을 했는지 시간별로 체크하기 어렵고, 하루 단위로 플래너를 넘기는 것이 일반적이므로 장기적인 계획을 짜기 어렵다.

DATE   06. 14. 2018

오늘 할 일

∨	쎈 C단계 다시 풀기
∨	수학 보고서 draft
∨	체육 보고서 마무리
∨	스피킹어 말하기 준비
∨	한국사 노트정리
△	국어 학련 숙제

오늘 체크할 일

∨	반크 카드뉴스 피드백
∨	한국사 포트폴리오 정리

새벽공부 30M
추가합니다ㅠㅠ

추천하는 학생 유형

• 직접 플래너 형식을 만들기 귀찮은 학생.

• 플래너가 필요하기는 하지만 시간에 얽매이기 싫은 학생.

공부 균형을 맞춰주는 '일주일 플래너'

앞의 플래너와 모두 비슷하지만 일주일 계획을 한눈에 볼 수 있는 플래너이다. 2학년에서 3학년으로 올라가는 겨울방학 전후 2~3개월 정도 사용했다. 이때부터 정시 공부를 본격적으로 시작했고, 일주일 단위로 끝내야 할 공부 분량을 계산하기 시작했기 때문에 일주일 단위의 플래너가 필요했다.

과목별로 공부 계획을 다르게 세운다면 자신이 어느 과목을 얼마나 공부하는지 한눈에 파악할 수 있기 때문에 공부 균형을 맞추고 싶은 학생들에게 일주일 플래너를 추천한다. 전날 어떻게 공부했는지를 살펴본 후 바로 다음 날 계획을 짜는 데 유리하기도 하다.

하지만 일주일을 한눈에 봐야 하는 크기로 만들어졌기 때문에 다른 플래너보다는 크기가 크다고 느껴질 수 있다. 또 하루 계획을 세세하게 많이 세운다면 계획을 적는 칸이 모자라서 불편할 수도 있다.

뒤 페이지의 사진에 보이듯이 사실 이 플래너로도 10분 단위 계획을 적을 수 있었지만, 칸이 너무 작아서 실제로 사용하는 친구들은 거의 없었다. 하단의 10분 단위 계획에 적으려면 글씨를 작게 써야 했는데 그게 힘들었고, 나처럼 작게 썼더라도 나중에 한눈에 보이지 않아 알아보기 어려웠기 때문이다. 학년이 올라갈수록 공부량이 늘어나므로 나의 공부 상황을 체계적이고 세세하게 파악하기 위해서는 다음에 설명할 10분 단위 플래너가 필요했다.

1.17 목
D-301

학습시간 7 H 44 M

TODAY STUDY PLAN

* 조재윤 선생님 과 상담일정 잡기!

오늘은 우주가 생계산후 단하나뿐인 날이다

과목	내용	시간	
국어	조재윤 T 오의고사 13회	1:35:49	V
232M	매3비 매3문 19회	1:37:00	V
수학	수피 ~p.71		V
36M	미적분 I ~p.79	0:30:20	V
영어	Day 19.20.21 암기 마무리	0:14:56	V
103M	Day 22.23 암기	0:21:16	V
	문법 숙제	1:30:19	△
	음아큐 9의고사 5회	0:24:00	V
사회문화			
Daily	수학 영어	0:46:03	V
국어	비문학 p.74~81	0:30:41	V
	배운내용 복습. 정리	0:08:57	V

10 MINUTES TIME TABLE

1.18 금
D-300

학습시간 7 H 46 M

TODAY STUDY PLAN

D-300

과목	내용	시간	
국어 104M	조재윤 T 오의고사 14회	1:09:34	V
수학 161M	수피 ~p.71	0:00:54	V
	특강 숙제	2:08:11	V
	미적분 I 배운곳까지	0:24:14	V
영어 72M	Day 22.23.24 암기	0:10:42	V
	수능만만 9회	0:23:11	△
	문법 숙제 마무리	0:12:59	V
사회문화	단원과 ~p.99	0:39:38	V
아랍어 6M	알파벳 공부하기	0:06:03	V
Daily	국어. 수학. 영어	1:16:53	V
국어	문학 p.125.130	0:19:42	V
	비문학 p.82-83	0:15:09	V

10 MINUTES TIME TABLE

추천하는 학생 유형

• 자신의 공부 추이를 계속 확인하고 싶은 학생.

• 과목별 공부 균형을 맞추고 싶은 학생.

시간을 체크할 수 있는 '10분 단위 플래너'

3학년 1학기부터 수능을 볼 때까지 사용했던 플래너이다. 그날 공부할 항목을 적을 수 있고 오른쪽에 10분 단위로 무엇을 했는지 표시하는 칸이 있다. 적어도 우리 학교에서는 압도적인 인기를 자랑하던 플래너이다. 오늘은 열심히 공부했다고 생각하는데도 막상 계산해보면 의외로 총 공부 시간이 얼마 되지 않는 경험을 한 학생들이 많을 것이다. 이 플래너에 꼼꼼하게 시간을 체크한다면 자신이 언제 시간을 낭비하고 있는지 파악할 수 있다.

내 경험에 비추어 이 플래너를 더 현명하게 사용하는 방법을 귀띔하자면 이렇다. 첫째, 공부 시간뿐 아니라 이동 시간, 식사 시간 등 하루 중 필수적으로 써야 하는 시간도 체크한다. 공부 시간과 이 필수 시간 어디에도 해당하지 않는 것이 낭비한 시간이기 때문이다. 둘째, 과목별로 공부 시간을 체크하는 펜 색깔을 다르게 한다. 색깔만 봐도 자신이 어떤 과목을 몇 분 정도 공부했는지 바로 파악할 수 있다.

나는 10분 단위 플래너를 사용한 이후로 국어는 분홍색, 수학은 민트색, 영어는 밝은 노란색, 사회탐구는 짙은 노란색, 아랍어는 파란색 형광펜을 사용했다. 그래서 플래너를 넘기면서 색깔만 봐도 내가 어느 날에 어느 과목을 더 많이 공부했는지 한눈에 파악되었다. 하루는 다른 공부가 너무 하기 싫어서 한국지리 기출문제만 풀었더니 플래너 한쪽이 모두 샛노랗게 칠해져 있기도 했다.

2019 / 08 / 01 木 　　　　D-105

10H 28M 09S

국어	기출분석 Day 3	0:28:18	V
	하프모의고사 7회 마무리	0:49:56	V
	하프 모의고사 8회	0:58:53	V
	거꾸로 달린다 01~06	0:45:50	V
수학	수능특강 화틀 ~8강	1:30:15	V
	정상모T 미적1 워크북	1:44:00	V
사문	올림픽 '하'현 ~p.38	0:14:16	V
	현강 과제 1~20	0:27:47	V
한지	개념강의 11-3	0:50:33	V
	서비스업.교통.인구 개념 복습	0:40:57	V
면접	3단계 공통질문 정리	0:30:04	△
이화여	단어 암기	0:16:28	V
+ 수학	마플	1:11:50	V

형광펜으로 칠해진 이 부분이 10분당 한 칸으로 되어 있다. 공부 시간뿐 아니라 식사 시간, 이동 시간 등을 상세하게 10분 단위로 표시했다.

추천하는 학생 유형

• 시간이 하루 중 언제 낭비되는지 알고 싶은 학생.

• 과목별로 몇 시간이나 공부했는지 알고 싶은 학생.

✩✩✩
내가 최종적으로 선택한 플래너

10분 단위 플래너와 일주일 플래너 모두 장점이 있었다. 내가 하루 중 얼마나 공부했고 얼마나 놀았는지 파악하는 데에는 10분 단위 플래너가 적격이었고, 공부의 전체적인 흐름을 보고 공부 균형을 맞추기 위해서는 일주일 단위 계획 또한 세워야 했다. 그래서 두 플래너의 장점을 모두 활용하기로 했다.

최종적으로 10분 단위 플래너를 사용하되, 일주일 단위 계획은 포스트잇이나 작은 메모장에 적어놓는 방식을 택한 것이다. 먼저 일주일 단위로 큰 계획을 세우고, 하루하루 그 세분화된 내용을 10분 단위 플래너에 옮겨 적으며 공부 계획을 구체화했다.

일주일 공부 계획 ❶

〈국어〉 문법 문제집 p.27~50
　　　　수능특강 문학 5~8단원

〈수학〉 2019~2017 평가원 기출

〈영어〉 수능특강 영어 Chap.6~10
　　　　워드마스터 Day 8~14

〈동아리〉 토론동아리 발제 준비

◀ 일주일간 공부해야 할 전체 분량. 이렇게 물결(~)로 모든 분량을 표시해놓으면 하루 계획을 세울 때 책을 일일이 다시 펼쳐 분량을 확인해야 하는 문제가 생긴다.

일주일 공부 계획 ❷

〈국어〉 문법 문제집 p.27~32
　　　　〃　　　 p.33~36
　　　　〃　　　 p.37~40
　　　　〃　　　 p.41~50

　　　　수능특강 문학 5단원
　　　　〃　　　　 6단원
　　　　〃　　　　 7단원
　　　　〃　　　　 8단원

〈수학〉 2019 수능
　　　　2019 9모
　　　　2019 6모
　　　　2018 수능
　　　　2018 9모
　　　　2018 6모
　　　　2017 수능
　　　　2017 9모
　　　　2017 6모

〈영어〉 수능특강 영어 Chap.6
　　　　〃　　　 Chap.7
　　　　〃　　　 Chap.8
　　　　〃　　　 Chap.9
　　　　〃　　　 Chap.10
　　　　워드마스터 Day 8-14 한개씩

〈동아리〉 토론동아리 발제 준비

일주일 공부 계획 ❸

〈국어〉 문법 문제집 p.27~32
　　　　〃　　　 p.33~36
　　　　〃　　　 p.37~40
　　　　〃　　　 p.41~50

　　　~~수능특강 문학 5단원~~
　　　　~~〃~~　　　　 6단원
　　　　〃　　　　 7단원
　　　　〃　　　　 8단원

〈수학〉 2019 수능
　　　　2019 9모
　　　　2019 6모
　　　　2018 수능
　　　　2018 9모
　　　　2018 6모
　　　　2017 수능
　　　　2017 9모
　　　　2017 6모

〈영어〉 수능특강 영어 Chap.6
　　　　〃　　　 Chap.7
　　　　〃　　　 Chap.8
　　　　〃　　　 Chap.9
　　　　〃　　　 Chap.10
　　　　워드마스터 Day 8-14 한개씩

〈동아리〉 토론동아리 발제 준비

◀◀ 물결 표시를 여러 개로 나누었고, 주로 단원과 챕터별로 최대한 세세하게 공부 분량을 나누어 ① 의 일주일 공부 계획을 보완했다.

◀ 첫날의 계획을 끝내고 완료된 계획은 빨간색 펜으로 지웠다. 남은 항목 중 몇 개를 선택해 다음 날의 공부 계획을 세우면 된다.

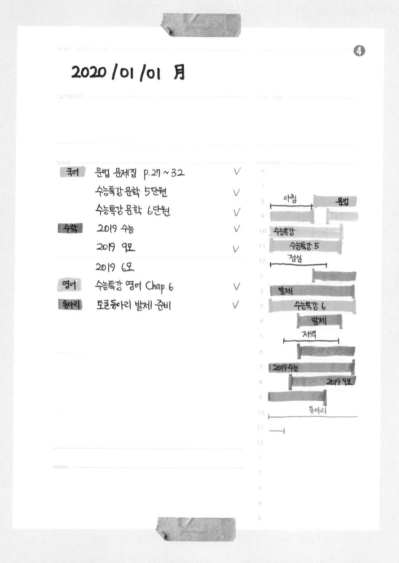

2020 / 01 / 01 月

TASKS

국어	문법 문제집 p.27~32	V
	수능특강 문학 5단원	V
	수능특강 문학 6단원	V
수학	2019 수능	V
	2019 9모	V
	2019 6모	
영어	수능특강 영어 Chap.6	V
동아리	토론동아리 발제 준비	V

TIMETABLE

아침 / 문법
수능특강
수능특강 5
점심
발제
수능특강 6
발제
저녁
2019수능 / 2019 9모
동아리

②의 일주일 공부 계획을 바탕으로 적은 이번 주 첫째 날의 계획표이다. ②의 항목 중 오늘 공부할 부분을 그대로 옮겨 적었다. 8개의 계획 중 7개를 완료한 모습이다.

공부 항목을 세세하게 나눠라

일주일 계획을 세울 때는 공부할 분량을 최대한 세세하게 나누는 것이 제일 중요하다. 내가 이번 주 공부해야 할 분량을 추려보았을 때 앞의 사진①과 같은 결과가 나왔다고 가정해보자.

내 기준에서 이건 잘 세운 일주일 계획이 아니다. 물론 어떤 문제집을 얼마나 공부해야 하는지 내용이 다 나와 있어서 괜찮아 보일지도 모른다. 내가 생각하는 문제는 물결 표시이다. 일주일 공부 계획에 물결 표시로 모든 범위를 표시해놓으면, 하루 계획을 세울 때 어디부터 어디까지 공부해야 할지 다시 고민해야 한다. 저 범위가 어느 정도 되는지 책을 다시 펼쳐 보면서 일일이 확인해야 하는 번거로움이 있을 수 있다는 것이다.

그래서 내가 이 계획표를 다시 만든다면 ②처럼 만들 것이다. 언뜻 보기만 해도 기존의 계획보다 항목이 훨씬 많이 늘어난 것을 알 수 있다. (이하 계획 한 줄을 '항목'으로 지칭한다.)

물결 표시를 최소한으로 만들고, 주로 단원과 챕터별로 최대한 세세하게 공부 계획을 나누었다. 그렇게 일주일 계획을 세우고 첫날 계획을 세운 것이 ④의 플래너이다. ②의 항목 몇 개를 그대로 옮겨 적기만 한 모습이다. 이렇게 세세하게 계획을 세워서 하루 동안 공부한 후, 어떤 계획을 완료했는지 표시해본다. 이날은 '수학 2019 6모' 항목을 제외한 7개의 계획을 모두 완료했다.

이제 ②의 일주일 계획에서 첫날에 완료한 항목을 지워주면 ③이 된다. '수학 2019 6모'는 완료하지 못한 항목이므로 지우면 안 된다. 즉, 계획을 세울 때 항목을 지우면 안 되고 하루 끝에 공부를 마친 항목만 지워야 한다.

공부 항목을 나누는 나만의 기준은 '문제 풀이와 오답 정리를 한 번에 끝내야 하는 분량' 혹은 '집중했을 때 1시간 정도면 풀 수 있는 분량'이다. 예를 들어 수학 문제는 틀리고 나서 몇 시간이 지나면 자신이 어떤 공식과 개념을 사용해서 문제를 풀었는지 잘 기억이 나지 않는다. 따라서 채점한 후에 바로 그 자리에서 오답 정리를 하는 경우가 많다. 이처럼 문제 풀이를 한 직후에 바로 오답 정리까지 '한 번에 끝내야 하는' 공부 종류가 있다.

한편 페이지가 나뉘어 있어서 1시간 정도 집중하면 풀 수 있는 페이지 수로 분량을 가늠할 수 있는 공부 종류가 있다. 나는 이렇게 두 가지 기준으로 공부 항목을 나눈 것이다.

세부적으로 항목을 나누다 보면 종이 분량이 많이 필요하다. 내가 예시로 든 계획표는 주요 과목 국어, 영어, 수학만 포함되어 있는 것이기 때문에 실제 계획표는 더 길어질 수밖에 없다. 그래서 포스트잇을 여러 개 활용하거나 컴퓨터 워드 파일에 계획을 모두 정리하고는 했다.

'내가 최종적으로 선택한 플래너 작성법' 동영상 바로가기

2019 / 10 / 03   **D-42**

TASKS —————————————— TIMETABLE ——

국어   마닭 II회
          수능특강 현대시 인강 모두

수학   수분감 수열의극한

영어   수능완성 ~18강

CHECK LIST	
☑	국어 Tip 정리
☑	수학 2~5회 주목해야할 오정정의
☑	수학 2~5회 〃 문제정리
☑	사문 하모 주목 ~ 문점정리
△	사문 하모 〃 문제정리
☑	한지 '떠오르는 것' 정리
☑	면접 배경지식 정리
☐	
☐	
☐	
☐	
☐	
☐	

CHECK LIST	
☑	국어 수특/수완 현대시
☑	국어 수특/수완 고전시가
☑	국어 수특/수완 현대신문
☑	수학 둥형문제 2주차
☑	수학 기다문제 2주차
☑	수학 수분감 ~2단원 미적
☑	수학 수분감 ~2단원 확통
☑	영어 분석 마무리 (수완)
△	영어 영학 Final
☑	한지 기초 ~5단원
☑	한지 이미지 완강
☑	사문 현.모 2345
☑	아랍어 인강 완강

10분 단위 플래너에는 일주일 계획을 쓰는 칸이 없어서 체크리스트 형식의 포스트잇을
추가적으로 활용해 일주일 동안의 공부 계획을 세웠다.

2019 / 10 / 07 月　　　　D-38

국어	수업자료 정리
수학	수분감 ~2단원　　　　　　　　△
	정상모T 파이널 2-5 모의고사 정리
사문	임정환T 하.오 1-3 정리
	임정환T 도표+올림픽 정리　　△
한지	'떠올라야'하는 본점 정리
	이개자　　　　　　　　　　　V
아랍어	단어 암기　　　　　　　　△
과제탐	발표준비　　　　　　　　　V
면접	배경지식 정리

6
7
8
9　수분감　과제탐구
10　과제탐구
11　정상　이개자
12　면접　이개자
1
2　이개자
3　수분감
4　저녁　사문
5　수분감
6　수분감
7　하.오
8
9
10
11
12
1
2
3

왼쪽의 포스트잇에 세운 일주일 계획 중 일부를 위와 같이 하루 계획으로 옮겨 적었다.

일주일 계획표의 두 가지 장점

이렇게 일주일 공부 계획을 세우면 두 가지 장점이 있다.

첫째, 하루하루 계획을 세울 때 시간이 덜 걸린다. 앞서 언급했듯이 물결 표시를 사용하여 일주일 공부 분량을 미리 가늠해놓아도 하루 계획을 세울 때 다시 책을 펴 보면서 몇 페이지까지 공부해야 할지 찾아보아야 한다. 하지만 미리 세세하게 항목을 나누어놓는다면, 말 그대로 하루 계획표에 그 항목을 옮기기만 하면 된다. 플래너를 적는 데 시간이 너무 많이 걸려서 정리 자체를 고민하는 학생들이 많은데, 이렇게 계획을 짜면 일주일 계획을 세우는 날(주로 일요일)만 시간을 할애하면 돼 공부를 계획하는 데 드는 시간을 줄일 수 있다.

둘째, 과목 간 균형을 생각하면서 공부할 수 있다. 일주일 계획을 짤 때 세세하게 계획을 짜면서 한 과목에 몇 시간 정도를 할당해야 할지 가늠할 수 있다. 일주일 내내 계획을 짜면서 어느 과목에 얼마나 공부량이 남아 있는지 파악할 수 있기 때문이다.

예를 들어, 목요일 계획을 세울 때 월, 화, 수요일에 공부한 분량을 지워보니 수학은 반 정도 적당히 풀었지만, 국어를 지나치게 많이 공부하고 그에 비해 영어는 거의 공부하지 않았다고 해보자. 그러면 이를 통해 다음 계획을 세울 때는 국어 공부량을 줄이고, 영어 공부량을 상대적으로 늘려야 한다는 것을 파악할 수 있다.

Chapter 3

1페이지 정리로
공부 효율 올리는 법

제대로 공부가 되는 정리의 기술

학생들마다 수업 내용을 최대한 내 것으로 만들기 위한 자신만의 필기 방법을 가지고 있을 것이다. 반면 필기를 아예 안 하는 학생들도 있을 것이다. 기억력이 좋거나, 교과서 등 수업 자료가 있기 때문에 굳이 필기를 안 해도 된다고 생각할 수도 있다. 혹은 선생님의 말씀을 정신없이 받아 적는 데 집중하다 보면 정작 수업 내용은 이해하지 못하니 안 하는 게 더 낫다고 생각할 수도 있다.

그래서 수업 중에는 적당히 중요한 내용만 필기하는 것이 가장 보편적인 필기 방법이다. 선생님이 말씀하신 내용이 교과서에 있으면 밑줄을 긋는 등의 표시를 하고, 교과서에 없으면 옆에 작은 글씨로 받아 적는다. 교과서 등 수업 자료에 직접 필기를 하기도 하고, 노트를 준비해서 따로 필기한 다음 정리하는 사람도 있다.

나는 손으로 쓰면서 공부하는 성격이기 때문에 수업 시간에도 열심히 필기를 했다. 선생님이 하신 말씀은 거의 토씨 하나 빼놓지 않고 열심히 받아 적었다. 심할 때는 선생님께서 풀어주시는 이야기나 지나가듯 하시는 농담까지 적었다. 그렇게 적으면서 필기를 해야 나중에 정리를 할 때 수업의 맥락이 떠오르면서 내용이 온전히 이해되었다.

그렇게 필기의 양이 늘어나다 보니 자연스럽게 노트 정리의 필요성이 느껴졌다. 그러자면 우선 교과서와 노트의 내용들 중 정리할 것들을 추려야 한다. 처음에는 교과서 혹은 개념서 같은 책을 보고 중요한 부분을 정리하기도 하고, 수업 시간에 정신없이 적은 필기 내용을 보기 좋게 정리하기도 했다. 어느 필기가 본문의 어느 내용에 대응되고, 다음 내용과는 어떤 맥락에서 연결되는지 명료하게 볼 수 있도록 정리해야 했다.

이렇게 한 페이지 공부법의 시작이라고 할 수 있는 내 방식대로의 정리를 차츰 해나갔다.

공부를 위한 정리 vs 정리를 위한 공부

너무 당연한 말이지만 공부를 해본 사람이라면 노트 정리를 해보았을 것이다. 방대한 양의 교과서 지문과 가공되지 않은 선생님의 설명을 공부하기 쉽게 만들려면 정리가 필수적이다. 간혹 교과서를 통째로 외우는 사람들도 있지만, 그 사람들도 인생에서 한 번쯤은 정리를 해보았을 것이다.

그렇다면 모두가 학습 내용을 '정리'해본 경험이 있다고 가정하고, 이 부분을 읽는 모두가 다음 질문에 답해보았으면 좋겠다.

당신은 공부를 위한 정리와 정리를 위한 공부 중, 어떤 것을 주로 해왔는가?

이 질문에 대한 내 대답은 전자와 후자의 차이점을 설명한 후 말하려 한다.

공부를 위한 정리는 앞서 설명한 '정리'의 원래 목적에 맞는 개념이다. 모든 노트 정리는 당연히 여기에서 시작한다. 한 번에 읽기 힘든 긴 지문의 중요한 부분만 뽑아서 보기 좋게 노트에 적고 그걸 시험 기간에 다시 읽어본다면 '공부를 위한 정리'가 맞다. 또 선생님께서 한 교시 수업 동안 말한 방대한 내용을 논리대로 깔끔하게 정리해놓은 후 공부한다면 그것 또한 '공부를 위한 정리'이다.

중요한 건, 공부를 위한 정리와 정리를 위한 공부가 한 끗 차이라는 것이다. 노트 정리에 재미를 들이고, 모든 과목에 대해 정리하기 위해 예쁜 공책 여러 권을 사고 나면 어느새 당신은 '정리를 위한 공부'를 하고 있을 가능성이 높다. 일반적으로 '정리를 위한 공부'를 하는 사람들은 정리하는 것에 의의를 두고, 교과서 내용을 모두 담은 노트를 내 손으로 만들었다는 것을 뿌듯해한다.

정리를 위한 공부를 하면서 노트 정리에 보람을 느끼고 더 나아가 공부에 흥미를 붙인다면 그것만으로도 좋은 동기부여가 된다. 내가 말하려는 건 노트 때문에 더 중요한 공부를 못 하게 될 수 있다는 것이다. 문제를 푸는 것이 현명한 상황에서도 '이미 시작한 노트 정리는 끝내야 한다'는 생각에 노트 정리에 시간을 낭비하기도 하고, 자신이 한 필기가 마음에 들지 않으면 다시 처음부터 하느라 시간을 몇 배로 들일 수도 있다.

노트 정리에 얽매이지 마라

물론 이건 내 경험담이다. 분명 처음에는 교과서 내용을 펜으로 한 번씩 써보면서 공부도 할 겸, 시험 직전에 노트를 훑어보면서 복습도 할 겸 노트 정리를 시작했다. 선생님과 친구들이 내 노트를 보고 칭찬해주어서 자신감이 붙었고, 점점 정리하는 과목의 개수를 늘려가면서 노트 개수도 늘어났다.

모든 과목을 정리해야 한다는 강박이 생기면서 공부에 지장이 가는 것이 느껴졌다. 노트 장수를 채우기 위해 굳이 요약을 하지 않아도 되거나 중요하지 않은 부분도 적기 시작했고, 글씨가 번지거나 글자 모양이 예쁘지 않으면 아예 그 장을 뜯어버리고 새로운 장에 다시 정리했다. 한 번 관성이 생기니 노트 정리를 그만두기가 힘들었고, 그것이 매우 비효율적이라는 게 느껴졌다.

무엇보다 그렇게 열심히 정리한 노트를 다시 읽지 않았다. 내용이 너무 많아서 생각보다 잘 읽히지 않았고, 시험 직전에는 오히려 교과서 자체를 다시 읽는 경우가 많았다.

불필요한 정리에 너무 많은 시간을 허비한다는 생각에 새로운 방법을 찾아보기로 했다. 교과서 내용을 깔끔하게 정리하여 다시 볼 수 있게 하면서도, 노트 정리 자체에 얽매이지 않는 방법을 찾기 위해 많은 고민을 했다.

공부를 위한 정리와 정리를 위한 공부, 어느 한쪽에 치우치지 않는 방법은 없을까? 정리하면서 공부하고, 그 정리한 내용을 다시 공부에 활용할 좋은 방법은 없을까?

그렇게 고민을 하던 중 수학 문제를 풀 때 쓰던 이면지가 눈에 띄었다. 줄이 없는 빈 A4용지를 보고 혹시 여기에 정리한다면 괜찮지 않을까 하는 생각이 들었다. 그렇게 어느 날 우연히 '한 페이지 공부법'이 시작되었다.

☆☆☆

볼펜 색깔은 4가지만

내 필통은 다른 친구들의 필통보다 크기가 작은 편이었다. 형광펜이나 일반 볼펜, 샤프까지 포함해서 내 학용품 개수는 10개를 넘지 않았던 반면, 학교 친구들은 색색깔의 볼펜과 다양한 종류의 샤프를 들고 다녀서 큰 필통을 사용했기 때문이다. 때로는 학원에서 거의 백과사전 크기의 필통을 들고 다니는 친구들을 보고 감탄했던 기억도 있다.

그 친구들의 필통을 살펴보면 비싼 샤프나 연필이 가득하고, 형광펜과 볼펜이 색깔별로 하나씩 들어 있다. 그만큼 교과서와 문제집은 여러 색깔로 화려하게 필기가 되어 있고, 과목마다 형광펜 색깔을 다르게 하여 표시하기도 한다.

내 필통이 작았던 것은 그만큼 학용품을 많이 들고 다닐 필요가 없었기 때문이다. 초등학생 때까지만 해도 나는 여러 색깔의 볼펜을 최대한 많이 썼던 것 같다. 보라색, 분홍색, 주황색 등 평범하지 않은 색깔을 여러 가지 활용하여 선생님이 하신 말씀과 내가 중요하다고 생각하는 점을 열심히 받아 적었다.

물론 이렇게 정리한 노트는 읽지 않았다. 너무 알록달록해서 눈에 잘 들어오지도 않았고, 노란색이나 주황색 같은 색깔은 너무 연해서 읽는 것 자체가 어려웠다. 부모님과 선생님들께 칭찬받는 기분에 성심성의껏 노트 정리를 했던 게 다였다.

각 색깔의 역할을 정하라

그러다가 네 가지 색깔 펜으로 정착하게 된 것은 특별한 이유 때문이 아니었다. 평소에 설명회를 갔을 때나 길가에서 홍보용으로 주는 사은품으로 삼색 볼펜을 많이 받아서 평소에 그 볼펜을 계속 쓰게 되었고, 어느 순간부터 문구점에 가지 않았다. 세 가지 색깔만 쓰다 보니 부족해서 초록색 펜을 하나 더 찾아서 쓰기 시작했다.

그렇게 고등학교 3년 동안 네 가지 색 볼펜을 쓰다 보니 각 색깔의 역할이 정해졌다. 나는 기본적으로 검은색, 빨간색, 파란색, 초록색 이 네 가지 색깔의 볼펜만 사용하여 공부를 했다. 이 네 가지 색의 볼펜은 각각의 역할이 있었다. 그래서 어떤 과목을 공부하든 어떤 문제집을 풀든, 내가 필기한 내용의 색깔만 보면 어떤 성격의 필기인지 알 수 있었다.

각 볼펜 색의 역할은 다음과 같았다.

- **검은색:** 단어의 의미, 지문 단순 해석

    (영어 → 한국어, 아랍어 → 한국어 등)
- **파란색:** 제일 중요한 내용, 문제 풀 때 나의 풀이
- **빨간색:** 문제 풀 때 답지의 풀이
- **초록색:** (내 필기에 없는) 친구의 필기

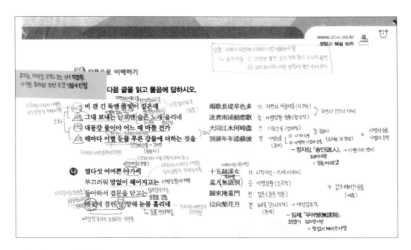

4색 펜으로 정리한 노트. 파란색이 수업 시간에 선생님이 강조하신 부분으로 가장 중요하고, 검은색은 단순 정보로 한 번 읽고 넘어가면 되는 것들이다.

색깔을 구분해서 필기하고 정리하면 어떤 내용에 집중해 공부해야 할지 쉽게 알 수 있다. 내 분류를 예시로 설명하자면, 내가 공부할 때 가장 주목해야 할 부분은 파란색 필기이다. 파란색으로 쓴 내용에는 주로 선생님이 수업 시간에 강조하신 부분이 많기 때문이다. 반면 검은색 필기는 의미나 해석 같은 단순한 정보이기 때문에 한 번쯤 읽어보고 넘어가도 문제가 없었다.

여러 가지 색깔을 사용하는 것은 앞서 말했듯이 집중력을 분산시킨다. 형광펜도 마찬가지이다. 형광펜을 사용하여 밑줄을 그으면 오히려 밑줄이 그어진 글자가 잘 보이지 않는다는 실험 결과를 본 적이 있다. 색깔이 다양한 형광펜이라면 더더욱 집중을 흐려놓을 것이다.

문제를 풀 때는 단 두 가지 볼펜 색을 사용했다. 처음 풀 때는 당연히 연필이나 샤프로 풀었고, 채점한 후 파란색으로 내가 생각하는 풀이 과정을 최대한 자세하게 작성했다. 그 후 모든 문제의 답지를 확인하면서 내가 쓴 풀이 과정 중 틀린 부분을 수정하고 보충해야 할 풀이를 빨간색 펜으로 덧붙여 적었다.

내가 완벽하게 아는 문제일수록 파란색 풀이가 많았고, 복습이 더 필요한 문제일수록 빨간색 풀이가 많았다. 그래서 페이지를 쓱쓱 넘기면서 색깔만 훑어 보아도 어느 부분에 대한 복습을 더 해야 할지 알 수 있었다. 문제를 이렇게 복습하면 처음에 연필로 풀 때 한 번, 파란색 볼펜으로 풀이 과정을 쓸 때 한 번, 빨간색 볼펜으로 풀이 과정을 덧붙일 때 한 번, 총 세 번이나 문제를 반복해서 학습할 수 있다.

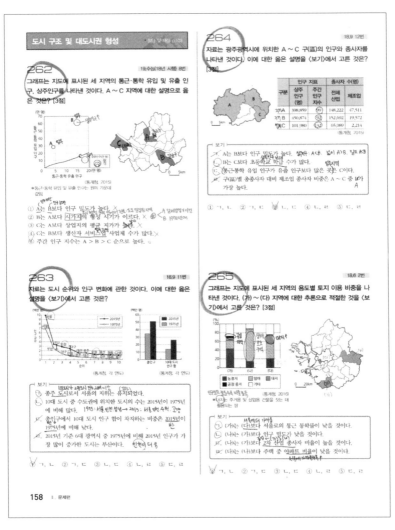

도시 구조 및 대도시권 형성 · 정답 및 해설 p.103

262 19 수능(18년 5월 시행) 8번
그래프는 지도에 표시된 세 지역의 통근·통학 유입 및 유출 인구, 상주인구를 나타낸 것이다. A ~ C 지역에 대한 설명으로 옳은 것은? [3점]

① A는 B보다 인구 밀도가 높다.
② B는 C보다 시가지의 형성 시기가 이르다. ✕
③ C는 B보다 상업지의 평균 지가가 높다.
④ C는 B보다 생산자 서비스업 사업체 수가 많다. ✕
⑤ 주간 인구 지수는 A > B > C 순으로 높다.

263 18.9 11번
자료는 도시 순위와 인구 변화에 관한 것이다. 이에 대한 옳은 설명을 〈보기〉에서 고른 것은?

〈보기〉
ㄱ. 종주 도시로서 서울의 지위는 유지되었다.
ㄴ. 10대 도시 중 수도권에 위치한 도시의 수는 2015년이 1975년에 비해 많다.
ㄷ. 총인구에서 10대 도시 인구 합이 차지하는 비중은 2015년이 1975년에 비해 낮다.
ㄹ. 2015년 기준 6대 광역시 중 1975년에 비해 2015년 인구가 가장 많이 증가한 도시는 부산이다.

① ㄱ, ㄴ ② ㄱ, ㄷ ③ ㄴ, ㄷ ④ ㄴ, ㄹ ⑤ ㄷ, ㄹ

264 18.9 12번
자료는 광주광역시에 위치한 A ~ C 구(區)의 인구와 종사자를 나타낸 것이다. 이에 대한 옳은 설명을 〈보기〉에서 고른 것은? [3점]

구분	인구 지표		종사자 수(명)	
	상주인구(명)	주간인구지수	전체산업	제조업
구(A)	398,899	99	148,222	47,511
구(B)	450,874	92	152,692	19,572
구(C)	101,980	65,080	2,214

〈보기〉
ㄱ. A는 B보다 인구 밀도가 높다.
ㄴ. B는 C보다 초등학교 학급 수가 많다.
ㄷ. 통근·통학 유입 인구가 유출 인구보다 많은 곳은 C이다.
ㄹ. 구(區) 총종사자 대비 제조업 종사자 비중은 A ~ C 중 A가 가장 높다.

① ㄱ, ㄴ ② ㄱ, ㄷ ③ ㄴ, ㄷ ④ ㄴ, ㄹ ⑤ ㄷ, ㄹ

265 18.6 2번
그래프는 지도에 표시된 세 지역의 용도별 토지 이용 비중을 나타낸 것이다. (가) ~ (다) 지역에 대한 추론으로 적절한 것을 〈보기〉에서 고른 것은? [3점]

〈보기〉
ㄱ. (가)는 (다)보다 서울로의 통근 통학률이 낮을 것이다.
ㄴ. (나)는 (가)보다 인구 밀도가 낮을 것이다.
ㄷ. (나)는 (가)보다 2차 산업 종사자 비율이 높을 것이다.
ㄹ. (다)는 (나)보다 주택 중 아파트 비율이 낮을 것이다.

① ㄱ, ㄴ ② ㄱ, ㄷ ③ ㄴ, ㄷ ④ ㄴ, ㄹ ⑤ ㄷ, ㄹ

2색 펜으로 문제 풀이한 모습. 파란색으로 내가 생각하는 풀이 과정을 최대한 자세하게 적고, 답지를 확인하면서 내 풀이 과정 중 틀린 부분을 수정하고 보충할 부분을 빨간색 펜으로 덧붙였다.

이처럼 볼펜 색에 규칙을 정해서 필기나 문제 풀이를 하면 자연스럽게 한 페이지 정리가 편해진다. 한 페이지에는 결국 가장 중요한 내용만 담게 된다. 따라서 공부할 내용을 선별하는 과정에서 펜 색깔만 보고도 어떤 내용을 한 페이지에 담아야 할지 알 수 있다.

나는 한 페이지로 정리할 때 검은색으로 쓰인 부분은 생략했고, 답지에서 언급하는 문제와 지문의 핵심인 빨간색 필기와 내가 생각한 제일 중요한 내용인 파란색 필기를 위주로 한 페이지에 담았다.

✩✩✩
1페이지로 정리하기

앞서 언급한 것처럼 '한 페이지 공부법'은 노트 정리의 단점을 보완하려고 만든 공부법이다. 노트를 정리할 때는 교과서 내용을 말 그대로 '옮겨 적는' 작업이었기 때문에 그 시간 동안 공부를 했다고는 말할 수 없었다.

정리된 그 노트를 시험 기간 중 다시 훑어보면서 복습하는 데 사용했냐 하면, 아이러니하게도 그랬던 것도 아니다. 나는 노트 정리를 반드시 거쳐야 하는 시험 공부 과정 중 하나라고 생각했던 것 같다. 내용을 제대로 읽지 않고 옮겨 적기만 했기 때문에 정작 만들어놓은 노트는 가독성이 떨어졌다. 그래서 정리하면서 공부가 되고, 정리한 내용을 다시 공부에 활용할 수 있는 방법을 찾으려고 했다.

A4용지 한 장이면 충분하다

우선 '한 페이지 공부법'을 하려면 당연히 '한 페이지'를 준비해야 한다. '한 페이지'는 뭐든 될 수 있다. A4용지도 좋고, 이면지도 괜찮고, 사실 노트 한 장을 뜯어서 써도 무관하다. 다만 나는 일반 노트보다는 조금 더 공간이 넓은 A4용지를 추천한다. 혹은 크기가 큰 노트를 사용해도 좋다. 한 소단원 정도를 한 페이지에 정리해야 하므로, 적당히 휴대할 수 있으면서 공간이 넓은 종이가 있어야 한다. 나는 평소에 수학 문제를 풀 때 사용하던 이면지를 한 페이지로 사용했다.

다음으로 정리할 내용의 분량을 정해야 한다. 정리하는 과목과 문제집에 따라 다르지만, 나는 보통 소단원 하나 정도를 한 페이지에 정리하려고 노력했다. 한 페이지에 담은 분량을 정할 때 중요한 것은 정리해야 하는 범위를 최대한 넓게 설정하는 것이다. 최종적으로 정리한 '한 페이지'의 수를 줄이기 위해서이기도 하지만, 한 페이지 안에 많은 양을 정리하려면 중요한 내용을 스스로 선택하는 과정을 거쳐야 하기 때문이다.

예를 들어 내가 정리해야 할 내용이 소설 작품 하나라면, 한 페이지에 그 소설의 인물, 줄거리, 상징, 배경 등 여러 가지 요소를 모두 적을 수 있다. 공간이 충분하기 때문에 이런저런 정보를 모두 담는 것이다. 하지만 소설 작품 3개를 한 페이지에 정리해야겠다고 결심하면, 한 소설에 많은 공간을 할애할 수 없다. 각 소설 작품에서 중요한 주제나 상징만 뽑아서 간단하게 정리해야 한다. 이렇게 정리할 가치가 있는 내용을 걸러내는 과정 자체가 공부가 된다.

정리할 만한 내용을 고르려면 전체 단원을 제대로 공부한 상태여야 한다. 자신이 제대로 공부를 한 후 비로소 한 페이지 정리를 시작할 수 있기 때문에 '정리하면서 공부한다'는 목적은 이를 통해 달성할 수 있다.

공부한 내용을 분석하고 정리할 때는 '내가 학생을 가르치기 위한 교재를 만든다'는 생각으로 임하는 것이 좋다. 정리한 내용은 결국 내가 시험 공부를 할 때 다시 봐야 할 소중한 자료이다. 즉, 미래의 나를 가르쳐야 할 '학생'이라고 생각하고, 그 학생이 보기 쉽게 정리한다고 생각해보라.

누군가를 위한 자료를 만들 때는 나 자신이 그 내용에 대해 잘 알고 있어야 하기 때문에, 이런 마음가짐으로 한 페이지 공부법을 실행한다면 '한 페이지 정리'에 앞서 정리할 내용을 미리 열심히 공부하는 또 다른 동기가 생긴다. 또 내가 나중에 볼 자료라고 계속 생각하면서 가독성을 신경 써서 한 페이지를 만든다면, 나중에 이 한 페이지를 활용해서 충분히 복습을 할 수 있다.

사회문화 1페이지, 이렇게 만들었다

내가 내신 시험을 공부할 때 실제로 정리했던 사회문화 한 페이지를 예시로 들어보도록 하겠다.

　내가 정리해야 할 부분은 11번째 소단원인 '사회 불평등 현상의 이해'였다. 다음 페이지부터 이어지는 사진처럼, 총 정리할 내용은 학교 선생님께서 만드신 유인물 3쪽이었고, 나는 이 내용을 A4용지 한 장에 정리하려고 했다. 우선 수업 시간에 선생님이 필기하신 내용을 다시 읽으면서 복습했고, 중요한 내용에 밑줄로 간단하게 표시해 정리할 내용을 가늠했다.

　나는 A4용지에 한 페이지 정리를 할 때 아래 그림처럼 전체 공간이 세로로 3등분이 되도록 미리 접어서 글쓸 공간을 마련했다. 이렇게 하면 나중에 들고 다닐 때도 접어서 볼 수 있어서 편하다.

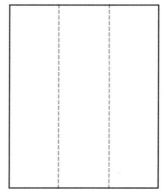

한 페이지 정리를 할 때는 세로로 3등분이 되도록 종이를 미리 접어서 글쓸 공간을 마련했다.

2018 고2 한국의 사회와 문화

IV. 사회 계층과 불평등
11. 사회 불평등 현상의 이해

1. 사회 불평등의 의미와 유형
(1) 의미: 사회적 자원이 개인이나 집단 사이에 차등적으로 분배되어 개인과 집단이 평등한 사회적 지위를 갖지 못한 상태 *사회적 가치: 부.명예.권력.지위*
(2) 발생 원인: 사회적 자원의 [희소성] *확 ∞ / 재화 limit*
(3) 특징
① 개인뿐만 아니라 집단 간에도 나타남 **때**
② 정도의 차이는 있지만 사회 불평등은 **어느 사회에나 존재함**
(4) 형태
① 경제적 불평등: 재산이나 소득 격차에 따른 불평등
② 정치적 불평등: 권력의 격차에 따른 불평등
③ 사회·문화적 불평등: 사회적 위신. 명예. 교육 수준. 지식 소유 등 여러 가지 사회·문화적 생활 기회의 수준의 차이에 따른 불평등
④ 기타: 정보 격차와 정보 불평등. 남녀 간 성 불평등. 지역 간 불평등. 건강 불평등 등

2. 사회 계층화 현상
(1) 사회 계층화 현상의 의미: [① 사회적 희소가치] 가 불평등하게 분배되어 개인과 집단이 서열화되어 있는 현상 *예) 카스트제도*

(2) 사회 계층 현상의 발생 원인
① 사회적 가치의 희소성 → 희소 가치의 차별적 분배 → 개인과 집단의 **서열화**
② 출신 배경. 학력. 개인의 노력이나 능력 등이 영향을 끼침
③ 분배 구조나 사회 제도에 의해 불평등 구조가 형성되기도 함 *(4) 지위 ┌ 귀속 ascribed : 선천적 / └ 성취 achieved : 후천적*
(3) 사회 계층화 현상의 특성
① 지위와 역할게 따라 희소가치가 차등 분배됨
② 상하 우열의 위계 체계가 형성됨
(4) 사회 계층 현상의 변화 양상

	전통 사회	근대 사회
특징	• 가문. 혈통 등 출신 배경에 의한 신... → **귀속** 지위 강조 • 관습. 법에 의한 계층 질서 유지. 임... 열화 → **폐쇄적 계층 구조**	
사례	중세 유럽의 봉건 사회. 신라의 골품... 도의 카스트 제도 등	

고등학교 2학년 때 사회문화 선생님께서 수업 자료로 사용하셨던 유인물이다. 이미 정리가 잘 되어 있는 자료였다. 하지만 상식적으로 알고 있는 개념도 많았고 시험 범위가 넓어서 공부량을 줄이려고 세 페이지 분량의 유인물을 한 페이지로 정리해보기로 했다.

3. 사회 계층화를 설명하는 개념

2018 고2 한국의 사회와 문화

(1) 계급과 계층

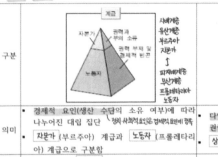

구분	계급	계층
의미	• 경제적 요인(생산 수단의 소유 여부)에 따라 나누어진 대립 집단 *정치 사회적요인은 경제적 요인에 종속* • **자본가** (부르주아) 계급과 **노동자** (프롤레타리아) 계급으로 구분함	*세분화된 다수의 집단들을 개념* • 다양한 요인(경제적 계급, 사회적 위신, 정치적 권력 등)에 의해 서열화된 위치의 집단 • **상** 류층, **중** 류층, **하** 류층으로 구분함
이론	• 마르크스의 **일원** 론 →갈등론적 관점에서 개념화	• 베버의 **다원** 론 →기능론적 관점에서 개념화
특징	• 계급 간의 갈등과 대립이 불가피함을 전제로 함 *연속선상의 위치* • 이분법적·불연속적으로 구분 → 두 계급은 서로 **단절** 적이며, 지배와 피지배의 관계에 있음 • 계급 의식 강조: 같은 계급에는 소속감을, 다른 계급에는 적대감을 가짐 • 사회적 이동이 제한됨 • 노동 운동 및 혁명적 사회 운동의 토대가 됨 • 중산층의 존재 부정	• 사회적 희소가치의 불평등한 분배 상태를 상층, 중층, 하층으로 범주화하여 이해함 • **서열** 적 **연속** 적으로 순서를 매김 → 높고 낮은 계층들을 수직적으로 하나의 연속선상에 배열함 *status inconsistency* • **지위 불일치** 현상이 나타나기도 함 • 사회적 이동이 자유로움 • 소득, 직업, 교육 수준, 주거 형태 등 다차원적인 요인에 따른 계층 연구의 출발점이 됨 • 중산층의 존재 인정
한계	다양한 사회 계층의 형성을 설명하지 못함	대립과 갈등 관계를 설명하지 못함

• 지위 불일치 현상: 경제적 지위(**소득** 이나 ~~ **지위**) 등, 한 개인이 차지하고 있는 여러 기~~

사회문화에서 계급론과 계층론의 차이를 나타낸 자료이다. 선생님이 중요하다고 몇 번이고 강조한 자료여서 직접 표를 정리하고 그림을 그리면서 개념을 공부하는 것이 좋다고 생각했다.

2018 고2 한국의 사회와 문화

4. 사회 불평등 현상을 이해하는 관점

(1) 각 관점의 전제   "사회적 희소가치는 존재할 수밖에 없다."

구분	기능론적 관점 불가피	갈등론적 관점 불가피 + 제거 필요
발생 원인	사회적 위치에 대한 사회적 희소 가치의 차별적 분배 결과로 나타나는 보편적 현상	사회적 희소 가치를 많이 가진 지배 집단이 기득권을 계속 유지하려 함에 따라 존속됨
가치 배분의 기준과 수단	▪ 구성원들 간의 전체합의된 기준이 존재함 ▪ 개인의 자질과 능력에 의해 합법적으로 배분됨	▪ 지배[특정] 집단에 유리한 기준 ▪ 가정 배경, 권력, 경제력 등에 의해 강제적으로 배분됨
계층화 현상의 사회적 기능	▪ 개인과 사회가 최선의 기능을 하도록 하는 장치 ▪ 성취 동기를 부여하고 인재를 충원함으로써 사회 발전에 기여함 →인재의 적재적소 배치	▪ 개인과 사회가 최선의 기능을 하는 데 장애 요소가 됨 ▪ 상대적 박탈감과 집단 간 갈등을 유발하여 사회 발전을 저해함
한계	가정 배경에 대한 현실적 영향력을 간과함	개인의 능력이나 노력의 요인을 무시함
평가	사회 불평등은 보편적이고 불가피한 현상으로서 사회 유지와 발전에 기여하는 한 불평등은 존재해야 함 →"차등보상"	사회 불평등은 보편적인 현상일지는 몰라도 불가피하지는 않으며 제거해야 할 현상이므로 불평등이 존재하지 않는 사회를 만들기 위해 사회 구조를 변혁해야 함
사례	고도의 지식과 기술이 필요한 의사가 단순 업무를 하는 환경 미화원보다 더 많은 보수를 받는 것은 타당함	환경 미화원보다 의사가 더 많은 보수를 받는 것은 기득권 층의 이해 관계 때문이며, 환경 미화원은 자신의 몫을 제대로 받지 못하고 있으므로 부당함

＊ 학교 ┌ 기능론 : 구성원이 사회에서 할 수 있는 역할, 지컬 함양 위함
        └ 갈등론 : 기득권층 중심의 교육과정, 피지배계급에는 장애가 됨

나는 직접 손으로 적으면서 공부하는 습관이 있는데, 이 수업 자료는 키워드에만 빈칸이 뚫려 있다. 빈칸이 아닌 내용도 직접 다시 써보면서 공부하기 위해 이 유인물을 정리 대상으로 선택했다.

이렇게 대략적인 내용 공부가 끝난 후 나는 한 페이지 정리를 시작했다. 두 번째 페이지 맨 밑에 있는 그림이 필요 없다고 생각해 정리에는 넣지 않았고, 나머지 문장식으로 설명된 내용은 지나치게 장황한 것 같아 조사나 중복되는 단어 등을 생략하고 정리했다. 정리한 한 페이지 결과물이 다음 페이지에 나오는 사진이다.

공부한 내용을 정리하는 것이라 마무리 복습을 하는 느낌이었고, 이미 충분히 학습한 내용이었기 때문에 정리하는 시간도 그렇게 오래 걸리지 않았다. 내가 정리한 내용을 보고 친구들이 잘했다며 칭찬해주고 몇몇은 필기를 공유해줄 수 있냐고까지 물어보아서 내심 뿌듯했던 기억이 있다.

문제를 풀고 문제에 적용된 개념을 찾을 때 이렇게 정리했던 한 페이지를 자주 참고했고, 시험 직전 쉬는 시간에 이 한 페이지를 빠르게 훑으면서 효율적으로 복습을 할 수 있었다.

정리하자면, '한 페이지 공부법'은 공부와 정리 두 마리 토끼를 모두 잡기 위한 방법이다. 정리를 효과적으로 하려면 교과서 내용을 충분히 공부해놓아야 하고, 그 내용을 한 페이지로 깔끔하게 정리함으로써 공부에 지속적으로 활용할 수 있는 좋은 방법인 것이다.

II. 사회 불평등 현상의 이해

사회 불평등

- 의미: 사회적 자원이 가진 집단 사이에 차등적으로 분배 개인·집단이 평등한 사회적 지위 갖지 못한 상태
- 발생원인: 사회적 자원의 희소성 ← 인간의 욕구 무한함 사회적 차이 → 부 많아 권력 차지
- 특징 ① 가변·집단 모두 나타남 ② 평가시 차이가 있을 때 사회 불평등은 어느 사회에나 존재
- 형태 ① 경제적 불평등: 재산·소득 격차 ② 정치적 불평등: 권력 차지 ③ 사회·문화적 불평등: 사회·문화적 생활 기회 (사회적 위신·명예·교육수준 지위 등) 수준 차이 ④ 기타: 정보격차·정보 불평등, 건강 불평등, 남녀 간 성 불평등, 지역 간 불평등

사회 계층화 현상

- 의미 ① 사회적 희소가치가 불평등하게 분배 ② 개인과 집단 서열화
- 발생원인 ① 사회적 가치 희소성 → 차별적 분배 → 서열화 ② 출신·배경·능력·개인의 노력 등에 (예) 지위 ┌ 귀속(ascribed): 선천적 └ 성취(achieved): 후천적 ③ 불변적 사회제도 → 불평등 구조
- 특성 ① 지위·역할 따라 희소가치 차등 분배 ② 상하 수열이 일정 체계 형성

변화양상

	전통 사회	근대 사회
특징	· 귀속지위 강조 · 폐쇄적 계층 구조 · 신분·법·관습	· 성취지위 강조 · 개방적 계층 구조
사례	봉건제·신분제	사회 혁명·산업화 이후 근대 사회

사회 계층화를 설명하는 이론

	계급론	계층론
구분		상층 / 중층 / 하층
구성 기준	경제적 요인 (생산수단의 소유 여부)	경제적 계급·사회적 위신·정치적 권력
이론	마르크스의 일원론 → 갈등론적 관점	베버의 다원론 → 기능론적 관점
차이점	· 이분법적 불연속적 구분 (단절적) · 사회적 이동 제한적 · 동질 존재 부정	· 서열적·연속적 구분 · 사회적 이동 자유로움 · 동질 존재 인정
특징	· 계급의식: 같은 계급 → 소속감, 다른 계급 → 적대감 └ 계층 간 갈등·대립 불가피함 · 노동운동 혁명적 사회운동의 토대	· 사회의 희소가치의 불평등한 분배상태 상층·중층·하층으로 범주화하여 이해 · 다차원적 요인 (소득·직업·교육수준 등)에 따른 계층 서열화·불평등 · 지위 불일치 현상: 여러 지위 중 하나 다른 것 불일치 수준에 위치하지 않은 현상
관계	다양한 사회 계층의 현실 설명 X	계급 간 대립과 갈등 관계 설명 X

사회 불평등 현상을 이해하는 관점

공통된 전제: "사회적 희소가치는 존재·수밖에 없다"

	기능론	갈등론
발생 원인	사회적 희소가치에 대한 사회적 합의·가치의 차별적 분배 → 나타나는 보편적 현상	사회적 희소가치를 항상 가진 지배집단이 기득권 유지하려는데 따라 지속되는 현상
차등분배	· 정당·합리적 기준 존재 · 개인의 가치 능력 따른 합법적 배분	· 지배계급에게 유리한 기준 · 가정배경·권력·경제력 등에 의해 강제적 배분
	개인·사회가 최선의 기능하는데 필요 안정적 배치하는데 미침	· 개인·사회가 최선의 기능하는데 방해 → 상대적 박탈감·집단 간 갈등 → 사회 발전 저해
	차등·기여하는 것 불가피함 존재함	사회불평등은 보편적이지 않으며 제거되어야 할 현상 사회구조 변화해야 함
	성원·효율적 향상	개인의 성취·노력의 요인 무시

┌ 기능론: 모두의 재능이 계속 평등한 의사가 단순 일을 하는 환경이라 생각한 │ 단순 노력을 보는 것은 당연함 └ 갈등론: 기득권 이해관계 환경 이해 원론 지배계급 제외·보고 유리 있어 차등분배

· 성원이 사회에서 맡을 수 있는 역할 자질 향상

· 지원·출산 교동 피지배계층에게 분배

앞의 유인물 세 페이지를 한 페이지로 정리한 내용이다. 굳이 적을 필요 없는 내용은 빼고, 표와 그림까지 꼼꼼히 그리면서 이 한 페이지만 봐도 해당 단원을 모두 공부할 수 있게 정리했다.

1페이지 정리팁, 글씨 작게 쓰기

한 페이지에 많은 내용을 적고 교과서 본문 사이사이 필기를 하려면 글씨 크기가 작은 것이 절대적으로 유리하다. 자신이 알아볼 수 있는 정도에서 최대한 글씨를 작게 써보자. 같은 여백이라도 글씨를 작게 쓰면 더 많은 내용을 적을 수 있다.

'한 페이지 정리'를 할 때 작은 글씨체는 특히 빛을 발한다. A4 3~4 페이지의 분량이 A4 한 페이지에 다 들어가려면 중요한 내용을 고르는 작업도 필요하지만 필연적으로 글씨 크기가 크지는 않아야 한다. 교과서에 필기를 할 때도 마찬가지이다. 교과서 지문의 줄과 줄 사이에는 여백이 크지 않다. 그 공간에 큰 글씨를 쓰려면 다른 글자를 가려서 읽기 힘들게 되는 경우가 많다. 그걸 막기 위해 조금만이라도 노력해서 글씨 크기를 줄여보는 것이다.

그렇다고 글씨를 예쁘게 쓰려고 할 필요는 없다. 글씨체를 이제 와서 바꾸는 건 불가능에 가깝다. 무엇보다, 고칠 수 있다고 해도 꽤 많은 시간과 노력이 들기 때문에 고등학생이 공부 대신 글씨체를 예쁘게 만들고 있는 건 엄청난 시간 낭비다. 내가 말하는 건 단지 글씨의 '크기'를 작게 쓰자는 것일 뿐이다.

1페이지 문제지 만들기

한국지리 인강 선생님 한 분이 이런 말씀을 하셨다.

"떠오르는 것만이 네 것이다."

너무 당연한 말이지만 수험생활 동안 이 당연한 말을 간과하는 학생들이 정말 많다. 다 아는 내용이더라도 수능 직전까지 복습하지 않으면 까먹기 일쑤고 틀릴 가능성은 기하급수적으로 증가한다.

개념을 알면 쉽게 풀 수 있는 문제를 틀렸을 때 학생들은 그 개념을 복습하기보다는 '실수로 틀렸겠지'라고 생각하면서 가볍게 넘겨 버린다. 복습하지 않는 이유는 '너무 쉬워서'이다.

수능 일이 다가올수록 학생들의 독해력과 문제 풀이력은 점점 늘어난다. 기출문제뿐만 아니라 다양한 신유형 문제를 풀어보면서 낮선 문제에 대한 적응력도 늘어나고 아무리 까다로운 문제라도 척척 풀어낼 수 있다. 이 과정에서 개념 복습은 자연스럽게 잊힌다.

보통 쉬운 개념 문제는 그동안 문제를 풀어오던 관성에 의존하는 학생들이 많다. 하지만 그 관성은 절대 수능까지 가지 못한다. 수능은 상상할 수 있는 모든 시나리오가 일어날 수 있는 시험이다. 낯선 사람들이 가득한 낯선 환경에서 시험을 볼 때, 내 머릿속에 남는 것은 수능 전까지 복습했던 바로 그 내용뿐이다. 막연한 관성과 감에 자신을 맡긴다면 긴장감 때문에 머릿속이 새하얘지는 경험을 할 것이고, 그것은 곧장 점수로 나에게 돌아온다.

나는 다행히 개념의 중요성을 6월 모의고사에서 체감했다. 나는 겨울방학 두 달 동안 열심히 수능을 대비해 공부했고, 사설 모의고사와 3월, 4월 교육청 모의고사에서도 생각보다 좋은 성적을 받았다. 그 덕분에 나는 이제 응용·심화 문제만 풀면 될 것이라고 자만했고, 어려운 심화 문제만 복습하면서 모의고사를 대비했다.

모의고사 당일, 나는 사회문화 시험을 보는 30분 동안 '이런 쉬운 문제에서 막힌다고?' '왜 이 개념이 생각이 안 나지?' 등의 질문을 스스로에게 계속 던졌다. 개념 복습을 하지 않았던 탓에 앞쪽 개념 문제를 풀 때 시간이 너무 지체되었고, 결국 열심히 연습한 도표 문제는 풀 시간이 부족해 틀리고 말았다.

개념 복습의 필요성을 뼈저리게 깨달았던 나는 결국 개념 복습을 할 수 있는 나만의 방법을 만들어냈다.

가장 효과적인 개념 복습법

한 페이지 공부법은 앞서 설명했듯이 노트 정리를 대체하기 위해서 만들었지만, 나는 이 공부법을 직접 문제지를 만드는 데에도 사용했다. 물론 시중에 이용할 수 있는 문제집이 많았지만, 개념 위주로 공부할 수 있는 문제집은 없었기 때문에 스스로 만들 수밖에 없었다. 그래서 나는 정리한 개념 내용을 바탕으로 직접 빈칸 채우기를 할 수 있는 '한 페이지 문제지'를 만들었다. '백지 공부법'과 비슷하다.

원리는 간단하다. 일단 자신이 만든 개념 정리 한 페이지를 컴퓨터 워드 파일로 옮겨 적고, 주제나 몇 개의 키워드 빼고는 모두 내용을 지운다. 그리고 그걸 프린트해서 빈칸에 들어갈 개념을 직접 손으로 채워보면 된다. 개념서나 문제집을 보고 옮겨 적으면 절대 안 되고, 반드시 자신이 기억나는 정도만 그 페이지에 적어보아야 한다.

일단 생각나는 만큼 최대한 많이 적은 후 다시 개념 정리 한 페이지를 보고 내가 못 썼거나 틀리게 적은 부분을 다른 색 펜으로 덧붙여 적는다. 이런 과정을 서너 번 반복하고 나면 그 개념은 언제든지 말할 수 있을 정도로 체화된다.

자신의 수준에 따라서 다양한 버전의 '한 페이지 문제지'를 만들 수 있다. 나는 처음부터 백지 수준의 문제지에 개념을 옮겨 적는 것은 너무 힘든 것 같아서 키워드와 함께 개념을 쓸 수 있는 칸을 마련해두었다. 세 가지 분류가 있으면 세 줄 표를 만들어놓는 식이다.

떠오르는 것만이 네 것이다!!

10/25

[1] 거주 공간(전통 촌락과 도시)

'촌락'하면 떠오르는 것은?

전통 촌락 분류 (입지상, 형태상, 기능상)

전통 촌락	입지	특수	제주도 해안지대, 선상지 선단 지대
		피수	범람원 자연제방, 하안단구
		도로 교통	역, 원
	수원 교통	영진, 진, 포, 도
		빙어 취락	진, 포, 도, 영, 진
	풍수지리	배산임수, 정감록, 남향, 온강
	형태	산촌	가족, 경지 결합도 ↑
		집촌	가족, 경지 결합도 ↓, 벼농사 지역 ┄ 태안 ⇨ 구흥지 산촌
	기능	농촌 이촌

'도시 체계'란?

도시 체계: 도시 계층간 질서

→ 질서: 도시 간 규칙적, 상호작용

→ 상호작용: 인구 곱에 비례, 거리 제곱에 반비례

도시별 인구 변천사 (5)

포항 구미 울산

1960~80년대 산업화	경기도 남서부 (시흥 화성 안산 평택) 남동임해 (거제, 창원) 도시 인구 급증
1990년대 초	1기 신도시 (고양 성남) 인구 급증, 위성5시 (경산 / 김해, 양산) 인구 급증
2000년대 초	2기 신도시 급증
대도시 3형제	서울 (1990년 ↓)
축소도시	태백, 안동, 김제

대도시권의 주간 인구 지수

경기 92 서울 108 / 진주 100 제주 100 /

서울특티 80~90~100

내가 만든 한국지리 한 페이지 문제지의 첫 장이다. 한국지리의 첫 단원부터 필수적으로 암기해야 할 모든 개념을 이 문제지에 담았다. 다시 말해, 이 문제지의 내용만 다 외울 수 있다면 웬만한 기출문제는 척척 풀어낼 수 있었다.

개념 복습에 효과적인 1페이지 문제지②

떠오르는 것만

에너지 자원 개념에 대해 정리한 부분이다. 기본적인 키워드를 보고 기억 속에서 내용을 떠올려서 적을 수 있도록 했고, 기억이 안 나 적지 못한 부분은 이후 문제집을 다시 펼쳐 보면서 빨간색으로 보충했다.

[2] 에너지 자원

1) 우리나라의 자원

자원 고갈 가능성 순서

화석연료 > 비금속 > 금속 > 동식물 > 물·공기 > 태양

광물자원

강원도로 풀이요

철광석	석회석	
강원 99%	강원 70% 충북 30%	강원

2) 에너지 자원

1차 에너지

	석유	석탄	LNG	원자력	신재생	수력
공급 순서	1	2	3	4	5	6
공급 추이	증가 1997년 급감	1980s ~~LNG~~ 도입 이후 ↓	증가 1997년 급감 1986년도입	증가 2007년급감 1978년도입	증가율 최고	불규칙
공급 지역	모든 시·도: 막대기 합 순서대로 적어요 / 몇개 시도: 편재성 (석탄 원자력) 에너지소비 1위: 충남 — 전남? // 제주: 석유 절대적 > 신재생 (풍력>태양광)					
	울산 전남(여수) 충남(서산)	남남남 경북 충남 1위 인천	수도권이 독보적	영광 울진 포경울부 포항 빼고	-	한강유역 낙동강
생산 지역	울산 앞바다 신생대 3기층 배사구조	태백 삼척 화순	울산 앞바다 신생대 3기층 배사구조	영광 울진 포경울부 포항 빼고 (독보적)	전남 1위	한강유역 낙동강

2차 에너지(전력)

① 주요 발전 양식 입지 조건

화력	제약 X
원자력	지형적 제약 (냉각수 해안, 안정적 지반)
수력	지형적 제약, 기후적 제약

② 주요 발전 양식별...

발전 설비 용량	화>원>수
발전량	화>원>수
가동률	원>화>수
발전 연료 해외 의존도	원↑>화>수

③ 발전용 1차 에너지 소비 순서: 석원아 LG 석유 쓰겠

신·재생 에너지

소비 순서: 폐기물 독보적 > 바이오 > 태양광 > 수력

3

떠오르는 것만이 네 것이다!!

[1] 거주 공간(전통 촌락과 도시)

'촌락' 하면 떠오르는 것은?

형태상 입지상 기능상 분류

형태
1) 열하 촌락 - 운정새재
2) 방어 촌락 - 영.진
3) 도로 교통 - 역, 원
4) 수로 교통 - 진.포.도
5) 특수 : 선상지 선단, 제주도 해안
6) 피수 : 하안단구, 자연 제방

입지
집촌 - 경사-가옥결합도↓, 벼농사
산촌 - 경지-가옥결합도↑, 구릉지신촌 - 태안

기능

> ①과 같은 내용이지만, 표와 화살표 등 어떤 내용을 적어야할지 가이드라인이 되어주던 표시를 다 없앴다. 연필로 적기 전에는 '촌락 하면 떠오르는 것은?' '도시 체계란?' '도시별 인구 변천사(5)' '대도시권의 주간 인구 지수' 네 가지 주제만 쓰여 있었던 것이다. 오른쪽 위에 3 이라고 쓰여 있듯이 한 페이지 문제지를 세 번째 푸는 차례였기 때문에 완벽하게 암기했는지 제대로 확인하기 위해 백지 수준으로 문제지의 난이도를 높였다.

'도시 체계'란?

도시 계층간 질서
도시간 규칙적 상호작용
인구 규모 곱에 비례. 거리 제곱에 반비례

도시별 인구 변천사 (5)

1960-1980s 산업화 : 공업도시 (경기도 남서부 - 시흥.안산.화성.평택 // 남동임해 - 창원 거제 울산 구미.포항) 인구↑

1990s : 1기신도시 (성남.고양), 위성5시 (대구-경산.부산-김해.양산)
2000s : 2기신도시
대도시 : 서울 1990↓. 부산 1995↓. 대구 2000↓. 민간인구증가율↑
축소5시 : 안동.감제.정읍.문경.태백

대도시권의 주간 인구 지수

- 경기 - 92. 서울 - 108
- 전국 = 제주 - 100
- 성남 - 100. 화성 - 120
- 80→90→100

☆☆☆

1페이지로 복습하기

나는 이 '한 페이지 문제지'를 사용해서 사회문화, 한국지리 과목을 4개월 만에 완성할 수 있었다. 4개월은 긴 시간 같지만, 수능을 준비하는 수험생들에게 4개월 안에 탐구 과목 하나를 완벽하게 공부하라는 것은 거의 불가능에 가깝다고 생각되는 일이다.

보통 개념을 배우고, 부족한 부분을 보완하고, 기출문제를 몇 회독하고, 심화 신유형 문제를 풀기까지 1년 정도 걸린다. 그걸 4개월 안에 해내려면 다른 과목 공부를 포기하면서 그 과목만 공부해도 될까 말까 한 수준이다.

내가 딱 그런 상황이었다. 겨울방학 때 전체의 10분의 1도 안 되는 상식 수준의 개념을 잠깐 배우긴 했지만, 그 외에는 여름방학 직전까지 한국지리 공부를 하나도 하지 않았다. 지금 생각해보면 굉장히 무모하고 어리석은 짓이었다. 겨울방학 때 개념 공부를 하지 않아 3학년 내신을 챙기면서 개념 강의를 들어야 했는데, 그럴 시간도 여유도 없어서 미루다 보니 어느덧 여름방학이 되어버렸다.

여름방학 한 달 동안 전체 공부 시간의 반 이상을 한국지리 공부만 했다고 해도 과언이 아닐 정도로 열심히 했고, 결국 8월 즈음에는 개념 공부를 끝낸 상태가 되었다. 하지만 암기로 유명한 지리 과목인 만큼, 한 번 개념 강의를 들었다고 해서 문제를 바로 풀 수 있는 게 아니었다. 한 단원 개념을 암기하고 다음 단원 개념으로 넘어가면 그 전 내용을 까먹곤 했다.

'1페이지 문제지' 3회독의 놀라운 힘

바로 한 페이지 문제지를 만들었다. 개념서를 펼쳐 놓고 한 소단원을 열심히 '한 페이지' 안에 정리했고, 컴퓨터로 옮겼으며, 내가 직접 적어 넣어야 할 빈칸을 만들었다. 파일을 만든 후 약 2주 동안은 이 문제지를 활용해서 개념 복습만 열심히 했다. 암기량이 워낙 많았기 때문에 전체 개념 복습은 세 번밖에 못 했지만, 그걸로도 충분할 만큼 효과가 있었다.

처음에는 전혀 떠오르지 않았던 개념도, 문제지를 앞에 놓고 몇 분

동안 고민해보니 생각이 나기도 했다. 2회독을 하고 난 후에는 난이도를 올리면 될 것 같아 거의 백지 수준의 문제지를 새로 만들어서 한 번 더 개념을 복습했다. 3회독 정도만 했는데 모르는 개념이 거의 없을 정도로 효과가 좋았다.

한 페이지 문제지로 2주 동안 학습한 후 다시 문제를 풀었을 때는 그 전과 비교할 수 없을 정도로 문제 풀이 속도와 요령이 달라졌다. 문제에 해당하는 개념이 바로바로 떠올라서 적용하기까지 시간이 별로 걸리지 않았다.

이후 문제를 풀다가 개념이 부족하다고 느끼면 해당 단원의 한 페이지 문제지만 인쇄하여 개념을 복습하고 다시 문제를 푸는 방식으로 꾸준히 한국지리 공부를 했고, 결국 두 달 공부한 후 본 9월 모의고사에서는 48점으로 1등급, 수능에서는 50점 만점이라는 엄청난 결과를 얻었다.

개념이 확실히 잡히는 공부 패턴

수능을 준비하면서 친구가 나에게 이런 질문을 했던 적이 있다.

"만약 신이 너에게 한 문제를 50시간 동안 공부하면 수능 2점짜리 문제를 무조건 맞히게 해준다고 했을 때, 너는 그 제안을 받아들일 거야, 아니면 그 시간에 다른 공부를 할 거야?"

나는 오랫동안 고민하다가 그 제안을 받아들이지 않겠다고 했다. 2점이 확실하게 보장되기는 하지만 50시간이나 쓸 정도로 그 2점이 가치 있는지 확실하지 않았고, 오히려 그 50시간을 다른 공부에 사용하여 다른 과목이나 문제에서 2점을 보충하는 게 이득이라고 생각했다.

반면 친구는 "무조건 오케이"라고 했다. 수능은 아무리 쉽게 나와도 내가 어떤 문제를 반드시 맞힐 거라고 100퍼센트 확신할 수 없다. 50시간을 투자해도, 어쩌면 그 이상의 시간을 투자해도 2점은커녕 단 1점의 점수도 보장할 수 없는 게 수능이라는 시험이다. 그럴 때 만약 확실하게 보장되는 2점을 주는 제안이 들어온다면 당연히 승낙해야 한다는 것이다.

처음에는 이 답변이 전혀 이해되지 않았지만, 모의고사를 풀고 수능을 보고 나니 이해가 되었다. 아무리 준비된 사람이더라도 긴장하고 실수하게 만드는 것이 수능 시험의 맹점이다. 사소한 1점, 2점 차이가 학과와 대학교를 가른다. 그래서 지금 나에게 누군가 위의 질문을 다시 한다면 나는 당연히 그 거래를 승낙하겠다고 답할 것이다.

수능 문제는 내가 복습하지 않은 바로 그 부분에서 출제되고, 나는 결국 복습을 하지 않아서 그 문제를 틀리게 될 것이다. 한두 문제를 막연히 감에 맡기는 모험을 하기보다는, 꼭 '한 페이지 문제지' 공부법을 쓰지 않더라도 나만의 방식으로 개념을 꾸준히 복습하여 오답의 위험을 줄여보자.

개념책은 한 번 배우고 치워둘 문제집이 아니다. 한 번 배웠다고 해서 개념을 완벽하게 이해할 수도 없으며, 배울 당시에는 모두 이해가 됐더라도 문제를 풀 때 그 개념이 모두 기억나리란 보장이 없다. 따라서 개념을 처음 배운 뒤에는 반드시 문제 풀이를 통해 그 내용을 복습하고, 다시 내가 미진한 개념을 공부한 뒤 심화 문제를 푸는 방식으로 개념 학습 → 문제 풀이 → 개념 학습 → 문제 풀이…의 공부 패턴을 수능 전까지 이어가야 한다.

꾸준히 개념을 복습하면 헷갈리는 문제들이 줄어들면서 문제 풀이 속도와 정확도도 올라간다. 한 페이지 공부법은 바로 이런 패턴으로 개념을 복습할 수 있는 가장 효과적인 방법이라고 생각한다.

Chapter 4

성적이 확실히 오르는
공부 습관 만들기

★★★
'교과서 위주'는 거짓말이 아니다

내가 수능 만점을 받았다는 것이 알려지자 내 주변 사람들 몇몇은 나에게 교과서 위주로 공부했다고 인터뷰에서 말하라고 농담 아닌 농담을 했다. "교과서 위주로 공부했어요"라는 말은 공부 잘하는 아이들의 단골 멘트로 회자될 정도로 상투적이다.

대부분의 사람들이 '교과서 위주'라는 말은 말도 안 된다고 생각한다. 개념 학습을 하기 위해서는 학교 선생님의 설명뿐 아니라 문제집, 인터넷 강의, 학원 등의 도움을 받는 것이 일반적인 대한민국 학생의 학습법이기 때문이다. 나도 당연히 교과서만 공부해서는 절대 공부를 잘할 수 없다고 생각한다.

특히 수능을 공부할 때 교과서로만 공부하는 사람은 거의 없을 것이다. 기출문제 위주로 문제 풀이를 하고 시중에 있는 다른 문제집을 사서 심화 · 신유형 문제를 푸는 학생이 대부분이다. 그래서 이제 '교과서 위주로 공부했다'는 말은 공부 잘하는 아이들의 거짓말이라고 놀리는 말로 쓰이기도 한다.

하지만 나는 진지하게 나에게 교과서 위주로 공부했냐고 물어본다면 바로 '아니오'라고 답할 수는 없을 것 같다. 교과서를 수업 시간에 사용하는 본 교재나 유인물이라고 정의한다면, 내가 교과서 위주로 공부했다는 말이 틀리지 않기 때문이다. 나아가 수능 공부에서 '교과서'는 '기출문제'까지 포함한다.

학원도 몇 번 다녔지만, 기본은 항상 교과서였다. 특히 내신 공부를 할 때는 교과서와 부교재, 선생님이 주신 유인물 위주로 공부했지 외부 문제집을 푼 적은 거의 없었던 것 같다. 이렇게 교과서 위주로 공부해도 내신 성적이 곧잘 나왔다.

학원으로부터 독립하기

자기주도학습이 중요하다는 말은 이미 많은 학생들이 귀에 못이 박히도록 들었을 것이다. 그 자기주도학습의 첫 단계가 학원으로부터의 독립이라고 생각한다. 다만 내가 말하는 독립은 모든 학원을 어느 순간 다 끊어버리라는 의미가 아니다. 스스로 학원의 도움이 필요하다고 느낄 때 선택적으로 다니는 것이 '학원으로부터의 독립'이라고 생각한다.

나는 기숙사 학교에 다녔기 때문에 고등학생 때는 다른 고등학교에 다니는 친구들보다 학원에 다닐 기회가 거의 없었다. 그 때문에 다른 자료를 참고하기보다는 교과서 위주로 공부하는 습관이 생겼던 것일지도 모른다. 솔직히 나는 고등학교에 입학하면 학원에서 독립해야 한다고 생각한다. 고등학생이 된다면, 학원에서 무언가를 '배우겠다'는 생각을 하기보다는 '도움을 받겠다'는 생각을 해야 한다.

누가 시켜서, 혹은 원래 다녔으니까, 같은 막연한 이유 대신 학원에 가야 하는 자신만의 명백한 목표가 있어야 한다. 예를 들어, 국어 문법 독학에 실패하여 문법 실력을 보완하기 위해 국어 학원을 가거나, 혼자서 영어 지문 독해가 힘들어 꼼꼼하게 봐줄 만한 학원을 찾기 위해 영어 학원을 가는 경우가 있을 것이다. 또 수능 공부를 할 때는 인터넷 강의에서 받지 못하는 추가 자료와 문제를 받기 위해 현장 강의를 갈 수도 있다.

어떤 경우든, 학원은 반드시 필요한 경우에만 자신이 원할 때 가야 한다. 중학교 때 학원을 가던 관성 때문에 불필요하게 학원에 다니는 것은 피해야 한다. 나는 중학교 때 과학 과외와, 영어, 수학 학원을 다녔지만 고등학교에 올라가면서 과학 과외와 영어 학원은 그만두었다. 혼자서도 충분히 할 수 있다는 자신감이 있었기 때문이다. 하지만 수학은 꾸준히 선행 학습을 해야 했고, 혼자서 공부하기 힘든 부분이 많아서 학원의 도움이 여전히 필요했다.

　나는 이렇게 학원으로부터 독립하는 것도 '교과서 위주 공부'라고 생각한다. 지금 자신이 어떤 과목이 부족하고 무엇을 보충해야 하는지 잘 파악하고 학원을 선택적으로 활용한다면 '교과서 위주 공부'를 더욱 효율적이고 능동적으로 해나갈 수 있기 때문이다.

교과서는 무조건 1순위다

'한 페이지 정리'에 관한 또 하나의 주의점을 이와 관련해서 말해보고자 한다. '한 페이지' 정리 공부법뿐만 아니라 노트 정리는 교과서의 내용이 너무 많거나 읽기 힘들 때 자신의 취향대로 정리하는 것이다.

　그러므로 교과서 지문의 모든 내용이 너무 중요해서 내용을 고르기 어렵거나, 교과서의 서술이 명료해서 굳이 정리할 필요가 없거나, 교과서 지문을 요약하기 어렵거나 하는 이유 때문에 정리를 하기가 망설여진다면 교과서에 직접 정리를 하는 것이 좋다.

　특히 국어와 영어 과목은 이렇게 공부하는 게 낫다. 국어는 시가, 소설 등의 긴 지문이 나올 때 원문을 바탕으로 공부하는 것이 기본 중에 기본이기 때문에 중요한, 혹은 내가 중요하다고 생각하는 부분만 옮겨 적어 정리하는 것은 효율적이지 못하다. 영어 또한 지문이 많은 과목이므로 국어와 영어 과목을 한 페이지로 정리하려면 전체 지문을 적거나 인쇄해야 한다. 그런 수고를 하느니 교과서 원문에 직접 메모를 하는 것이 훨씬 낫다.

하지만 이렇게 교과서에 직접 정리한다고 해서 '한 페이지' 정리를 할 일이 아예 없는 것은 아니다. 그중에서 헷갈리거나 중요한 내용을 따로 모아서 소위 '엑기스'만 한 페이지로 정리할 수도 있다.

예를 들어 나는 국어의 경우 헷갈리는 문법 개념이나 문학 작품의 간단한 줄거리와 주제를 한 페이지에 정리했다. 수학은 문제를 풀면서 생소했던 공식과 도형 등을 정리했고, 영어는 중요한 키워드 단어나 지문의 주제, 문법 개념을 정리하는 식으로 한 페이지 정리 공부법을 활용했다.

무엇보다 원문에 정리를 하는 것은 시험 직전에 빠르게 읽어보기에는 분량이 너무 부담되므로, 한 페이지를 통해 이중으로 정리하는 것이 큰 도움이 된다. 수능 때 가져갈 한 페이지를 만들 때도 이 점을 생각하면서 정리를 했다. 수능은 워낙 다뤄야 할 과목과 범위가 많기 때문에 원문을 최대한 활용하여 공부를 했지만, 수능 당일에 가지고 가서 시험 직전에 볼 자료는 내가 부족한 부분과 중요한 내용을 고르고 또 골라서 각 과목별로 2~3페이지씩 가져갔다.

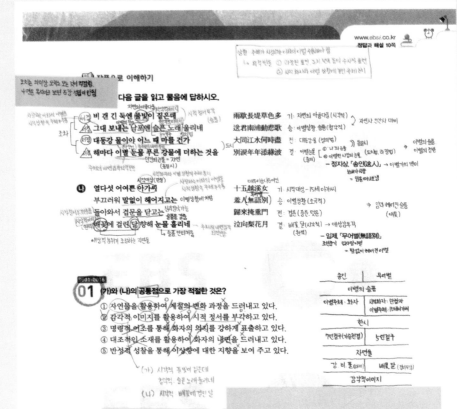

교과서에 직접 메모한 모습

www.ebsi.co.kr

정답과 해설 10쪽

[갈래]로 이해하기

다음 글을 읽고 물음에 답하시오.

(가)
비 갠 긴 둑엔 풀빛이 짙은데
그대 보내는 남포엔 슬픈 노래 울리네
대동강 물이야 어느 때 마를 건가
해마다 이별 눈물 푸른 강물에 더하는 것을

雨歇長堤草色多
送君南浦動悲歌
大同江水何時盡
別淚年年添綠波

(나)
열다섯 어여쁜 아가씨
부끄러워 말없이 헤어지고는
돌아와서 겹문을 닫고는
배꽃에 걸린 달 향해 눈물 흘리네

十五越溪女
羞人無語別
歸來掩重門
泣向梨花月

01 (가)와 (나)의 공통점으로 가장 적절한 것은?

① 자연물을 활용하여 계절의 변화 과정을 드러내고 있다.
② 감각적 이미지를 활용하여 시적 정서를 부각하고 있다.
③ 명령적 어조를 통해 화자의 의지를 강하게 표출하고 있다.
④ 대조적인 소재를 활용하여 화자의 내면을 드러내고 있다.
⑤ 반성적 성찰을 통해 이상향에 대한 지향을 보여 주고 있다.

국어 수업에서 주교재로 사용했던 EBS 교재 본문을 뽑아서 필기 내용을 깔끔하게 다시 정리했다. 노트 정리를 했다면 시를 그대로 옮겨 적어야 했겠지만 이렇게 교과서 원문에 표시하면 그런 수고가 필요 없어진다. 교과서와 노트를 왔다 갔다 하면서 내용을 비교할 필요도 없다.

병렬 / 도치 / 어순

보기 도치

장소·방향의 부사구

$S + Vi + $ (장소·방향 부사구) $=$ (장소 방향 부사구) $+ Vi + S$

★ 주어과 동사 자리 바뀌는 것 아님 ☆

부정어 (구. 절)   ✦ hardly (scarcely) had S p.p when (before) S 과거시제   ~하자마자
                    No sooner had S p.p than S 과거시제   ~했다

Not. Never. Hardly. Scarcely. ┐   ┌ be동사 + S
Rarely. Seldom. Little. Not only. ├ +   │ 조동사 + S + 본동사
Not until. No sooner …   ┘   └ do / does / did + S + RV
                                          시제 / 인칭 조율

So. nor. neither 뒤의 도치

~ 도 역시 그렇다 ┌ 긍정 : and so + V + S
                 ├ 부정 : and neither + V + S
                 └ (nor) + V + S
                    접속사이므로 앞에 and를 쓰지 않음

only 부사구 (부사절)

부정어구 도치와 동일 (only : 오직 - 부정의 의미 가짐)

(only 부사구) + V + S

형용사 (보어) + be동사 + 주어

긴 주어 / 보어의 의미 강조

$S + V + $ (형용사) $=$ (형용사) $+ V + S$

p.p + be동사 + 주어

긴주어 / p.p의 의미 강조

$S + be동사 + p.p = p.p + be동사 + S$

So + 형용사 (부사) + 동사 + 주어 + that

$So + S + V + $ 형용사 (부사) $+ that$
   $= So + $ 형용사 (부사) $+ V + S + that$
   (매우 ~해서 그 결과 ~하다)

보기 어순

So 유의 어순

so / how / however / as / too $+$ 형용사 $+ a(n) + $ 명사

such 유의 어순

such / what $+ a(n) + $ 형용사 $+$ 명사

간접의문문

의문사 $+$ 주어 $+$ 동사

일반 어순

평서문 (declarative) : $S + V + O$

명령문 (imperative) : V

의문문 (question sentence) : $V + S$

감탄문 (exclamation) : how adj $S + V$
                        what a adj N

영어 내신에서 문법 문제만 나오면 항상 틀리기 일쑤였다. 실수라고 생각하고 개념 공부를 대충한 탓이었다. 2학년 때부터는 내가 헷갈리는 문법 위주로 한 페이지를 만들었고, 문제를 풀 때 옆에 두고 참고서처럼 사용했다.

정리하자면, 그동안 신문이나 TV 인터뷰에서 "교과서 위주로 공부했어요"라고 말한 '공부 잘하는 아이들'은 결코 거짓말을 한 것이 아니다. 사실 교과서 위주로 공부해야 하는 것은 너무나도 당연해서 다시 언급하기도 민망한 수준이다. 사교육 시장이 비대해지고 점점 많은 학생들이 학원과 과외를 이용하면서 '교과서 위주'라는 말이 위선적으로 들릴 수 있지만, 사교육 또한 공교육에서의 학생의 결점을 보충하기 위한 방안에서 시작되었다는 점을 기억해야 한다.

학교 시험을 잘 보도록 하기 위해 학원에서는 내신 대비 특강을 열고, 수능 점수를 잘 받으려고 학생들은 대치동 학원가에서 줄을 몇십 분씩 서가면서 강의실 앞자리를 사수한다. 자연스러운 사회의 변화라고 생각한다. 하지만 공부의 우선순위를 명확하게 하고, 가장 중요한 것이 '교과서'라는 걸 잊어서는 안 된다.

내신에서는 교과서를 포함한 수업 교재, 수능에서는 기출문제가 '교과서'가 된다. 이 '교과서 위주'로 자신의 부족한 부분을 채워나가면서 공부한다면 누구든 내신과 수능에서 자신이 목표한 수준에 도달할 수 있다.

★★★
오답 노트는 일기처럼 써라

문제를 틀렸을 때 반드시 복습해야 한다는 것은 비단 공부를 잘하는 사람뿐 아니라 모두가 알고 있는 사실이다. 틀린 문제를 복습하는 아주 대중적인 방법이 바로 오답 노트이다. 보통 틀린 문제를 옮겨 적거나 복사하여 인쇄한 후 붙이고, 그 밑에 이 문제를 틀린 이유와 옳은 풀이 과정을 적는다. 많은 학생이 이렇게 오답 노트를 쓴다.

시중에서도 오답 정리용으로 만들어진 노트를 쉽게 구할 수 있다. 이런 오답 노트의 기본적인 구성은 틀린 문제, 틀린 이유, 올바른 풀이 과정이다. 학생들이 대부분 공을 들여 적는 부분은 '올바른 풀이 과정'이다.

물론 문제 풀이의 일차적인 목표는 그 문제를 '잘' 풀어내는 데에 있다. 모범적인 답안을 보고 배우고, 자신이 이제까지 배운 내용을 적용하는 방식을 습득하는 과정은 분명 중요하다.

틀린 이유를 찾아라

하지만 나는 오답 노트를 쓸 때 가장 주목해야 할 부분이 그 문제를 '틀린 이유'라고 생각한다. 여러 가지 이유가 있을 것이다. 문제를 푸는 순간 교과 개념이 떠오르지 않았다거나, 갑자기 잡생각이 나서 집중력이 흐트러졌거나, 시간이 너무 없어서 마음이 조급해졌다거나 하는 이유 말이다.

오답 노트에는 이런 것을 적어야 한다. 문제 자체의 풀이 과정과 답안 복습은 똑같은 문제지를 가지고만 있다면 몇 분, 몇 시간, 며칠이 지나도 할 수 있다. 하지만 문제를 푼 직후, 그 문제를 풀었을 때의 '느낌'은 오래가지 못한다. 즉 자신이 이 문제를 풀 때 졸았거나 집중을 못 했거나 하는 '느낌'은 금방 잊어버린다.

따라서 '틀린 이유' 오답 노트는 문제를 푼 후 기억이 남아 있을 때 최대한 빨리 적어야 한다. 이러한 '느낌'을 일기 쓰듯이 쭉 적어보라. 남에게 보여줄 것이 아니기 때문에 자신의 말투로 말하듯이 적으면 된다. 다음은 내가 9월 모의고사 수학을 복습할 때 적은 내용의 일부이다.

- 정확히 기억은 안 나지만 도저히 간단하게 줄일 수가 없어서 세 번은 지웠다 썼다 한 것 같다. 시험지 찢어져서 당황도 한 번 해주고… ㅎ
- 아무래도 겁먹지 않는 게 최우선이다. 조건 천천히 읽고 생각하는 게 효율적이었을 것 같다.
- 애들이 중간에 답 말했는데 내 거랑 살짝 달라서 멘탈이 흔들렸었다. 다음부터는 그런 거 일절 듣지 말자.

난 특히 고3 때 모의고사를 볼 때마다 이 방법으로 복습을 했다. 시험이 끝나고 적어도 하루 안에 왜 이 문제를 틀렸는지 그 이유를 하나하나 적어놓았다. 예컨대 6월 모의고사 수학을 풀 때는 손에 땀이 너무 많이 나서 시험지가 젖어 한 문제를 처음부터 다시 풀어야 했던 경험이 있었고, 오답 노트를 적을 때 그 점을 메모해두었다. 이 외에도 불편한 자세, 잡생각, 식곤증 등 때문에 여러 문제를 틀렸고, 각각을 해결하기 위해 나름의 방법을 동원했다.

앞서 언급한 이 '느낌'이 모여 1점과 한 등급을 가르는 열쇠가 된다. 실전에서 자신의 실력을 모두 발휘하는 것은 매우 어렵다. 낯선 환경에서 낯선 사람들과 몇 시간 동안 같이 있어야 할뿐더러 엄청난 부담감 때문에 펜을 제대로 잡고 있는 것조차 힘든 학생들도 많다.

시험을 보는 데 방해가 될 만한 요소는 미리 잘 알고 없애는 것이 정말 중요하다. 이렇게 일기처럼 써온 오답 노트 덕분에 나는 평가원, 교육청, 사설 모두 포함한 모의고사에서 한 번도 받지 못했던 만점을 실전인 수능에서 받게 되었다.

30번은 시간 두고 찬찬히 다시 풀어보자!

→ 19.20.21.28.29.30 이 여섯문제를 9오 때 푼 내 습관을 되돌아보면...

① 너무 우영대고 풀려고만 한다. 식부터 쓰고 어느정도 계산한 다음 틀리면 다시 문제 보는 식

② 문제 조건을 꼼꼼히 안 읽는다. 흘듯이 읽으니까 특히 확률문제에서 구멍이 난다.

③ 안 풀리면 ▓▓ 망했다는 생각부터 한다 힝힝 그러니까 더 안 풀리지 ▓▓

개선하기 위해서는...

① 문제에서 답을 구하기 위해 필요한 게 뭔지 정확하게 파악한다. (feat. 정병오쌤★) 필요한 조건만 딱딱 효율적으로 계산해내자.

② 문제 처음부터 끝까지 조건 꼼꼼히 체크하면서 정독하고, 필요하다면 조건 간단히 옆에 메모

③ 움직히 항상 저 6문제 막해는 거 맞지만 항상 다 맞거나 틀려도 1문제만 틀렸다. 집중만 하면 풀 수 있다는 생각으로 임하기!

실제 나의 오답 노트. 9월 모의고사를 본 당일 야간자율학습 시간에 정리한 내용의 일부이다. 틀린 문제뿐 아니라 시험을 볼 때 헷갈렸거나 망설였던 문제 등을 모두 분석하고 느낀 점을 정리했다. 문제 각각에 대한 피드백을 적은 후 나의 문제 푸는 습관과 개선하기 위한 방법도 적어놓았다.

오답 '노트'를 만들지 마라

이 조언은 모의고사를 보고 나서 만드는 오답 노트에 해당한다. 모의고사를 본 후 틀린 문제를 복습할 때, 굳이 노트를 마련하여 오답 노트를 만들려고 하지 않았으면 좋겠다. 오답 노트를 따로 만드는 건

생각보다 시간 낭비가 심하다. 문제 내용을 베껴 적거나 문제 내용을 잘라 붙이거나 하는 수고를 감수해야 한다.

게다가 오답 노트를 만든다면 어쩔 수 없이 문제를 '선택'해야 한다. 문제를 풀 때 잘못된 풀이 과정을 썼는데도 운 좋게 정답이 나오기도 하고, 답을 모르겠어서 아무 선지나 골랐는데 맞을 때가 있다. 하지만 오답 노트를 만들면 틀린 문제를 봐야겠다고 생각하기 때문에, 앞서 언급한 문제처럼 '맞았지만 다시 한 번 봐야 할 문제'는 우선순위에서 밀려난다.

심지어는 오답 노트를 만드는 과정이 생각보다 귀찮기 때문에 틀린 문제 중에서도 자신이 중요하다고 생각하는 몇 문제만 골라서 오답 복습을 할 가능성이 높다. 실수로 틀린 문제는 넘어가거나 하는 식으로 말이다.

그래서 모의고사를 복습할 때는 똑같은 모의고사 시험지를 통째로 하나 더 준비하는 게 훨씬 도움이 된다. 보통 모든 학교에서 전체 학생 수보다 시험지 수가 더 많기 때문에 시험이 끝난 후 남은 시험지를 1~2개 더 구하는 것은 어렵지 않을 것이다. 이 실제 시험지에다 모든 문제에 대해 자신의 반응과 느낌을 써볼 수 있고, 애매하게 맞았거나 아깝게 틀린 문제 등 모든 문제를 다시 복습할 수 있다. 모의고사의 전체적인 풀이 소감을 쓸 수도 있다.

그렇다면 수능 같은 실전에서 '모의고사 오답 노트'를 어떻게 활용해야 하는지 의문을 가질 수 있다. 나는 평가원에서 출제한 6월, 9월 모의고사 시험지는 통째로 수능 시험장에 가져갔고, 교육청 출제 모의고사는 수능 직전에 시험지를 다시 훑어본 뒤 꼭 복습해야겠다고 생각한 문제는 잘라서 파일에 넣어 갔다.

☆☆☆

남을 따라 공부하기

세상은 독창성, 창의성이 있는 인재를 중시한다. 공부만 잘해서 성공할 수 있는 세상은 지났고, 자신만의 '아이디어'가 중요하다고들 말한다. 그래서 누군가를 모방하는 게 망설여질 때가 많다. 마치 모두가 무에서 유를 창조하는 능력을 가지고 있어야 하는 듯하다.

공부할 때도 그렇다. 내 옆의 공부 잘하는 친구가 어떻게 공부하는지 그 방법을 알고 있어도, 따라 하면 왠지 비겁한 느낌이 들 수도 있다. 설사 그 친구와 비슷하게 공부해서 좋은 성적을 받아도, 나의 방법이 아니라 다른 사람의 공부법을 사용해서 좋은 결과를 냈다는 생각에 마음이 편치 않을 수도 있다. 이건 일종의 자존심 문제이다.

주변에서 어떤 문제집을 풀어서 시험에서 백 점을 받았다거나, 어떤 선생님의 인터넷 강의를 들어서 많은 도움이 되었다는 소리를 들어도, 왠지 저걸 따라 하면 자존심이 상하는 기분이 든다. 다른 친구의 공부 방법이나 비결을 도둑질한 것처럼 느껴질 수도 있다.

옆 친구에게 모르는 문제를 물어보면 내가 공부를 못한다고 다른 친구들에게 알려주는 것 같아 마음이 불편하다. 솔직히 남을 '따라' 공부했다는 말의 뉘앙스 자체가 내가 방법을 스스로 찾지 못해서 남의 공부법을 빌려 쓴다는 것처럼 느껴져서이기도 하다.

공부 자존심을 버리고 얻은 것

나도 고등학교 1학년 때까지 이런 공부 자존심이 있었다. 중학교 때까지 내신은 무조건 경쟁하면서 좋은 점수를 받아야 한다는 생각으로 공부했기 때문에, 주변 친구들에게 도움을 받거나 그 친구들의 공부법을 답습해서 사용해야겠다는 생각을 하는 것 자체가 어려웠다.

중학교 공부와 고등학교 공부는 많이 달랐지만, 중학생 때 하던 대로 열심히만 하면 점수를 얻는 데에는 큰 문제가 없을 거라고 생각했다. 친구들이 영어 내신 공부를 하기 위해 학원에 다닐 때도, 나는 혼자서도 잘 공부할 수 있다는 이상한 자신감이 있어서 학원에 다니지 않았다.

친구들이 영어 단어를 외우면서 퀴즐렛(Quizlet)이라는 단어 암기

사이트를 활용할 때, 나는 단어장만 공부해도 충분히 정답을 맞힐 수 있다는 생각으로 진짜 책만 보면서 공부했다. 두 번째 시험부터는 나도 퀴즐렛 사이트를 활용했는데, 생각 외로 너무 편하고 잘 외워져서 진작 사용하지 않았던 걸 후회한 기억이 있다. 지금 생각해보면 내 방법대로 공부하는 것에 큰 문제는 없었지만, 만약 친구들이 하는 것을 조금이나마 따라 했으면 시간과 노력을 충분히 절약할 수 있었다.

난 다른 친구들을 참고하여 공부하면 더 효율적일 수 있다는 걸 1년이 다 되어서야 깨달았다. 그래서 그때부터 주변 친구들이 어떻게 공부하는지 관심을 가지기 시작했다. 내 공부의 문제점을 찾은 후, 다른 친구들은 나와 비슷한 문제를 어떻게 해결하고 있는지 찾아보려고 했다.

공부 잘하는 친구들을 모델로 삼고 사소한 것부터 중요한 부분까지 참고했던 적이 정말 많다. 친구들이 체력 관리를 위해서 먹었던 건강 보조제나 음식이 뭔지 참고했었고, 스트레스 푸는 방법을 참고하기도 했다. 노트북과 핸드폰이 공부에 방해가 되어서 고생하고 있을 때, 친구가 사물함에 노트북을 넣어놓으라는 조언을 해줘서 따라 했던 적도 있다.

내 주변 친구들은 남을 따라 하는 공부법을 즐겨했다. 그래서 누군가 한 명의 공부 방법을 따라 하면 다들 한 번씩 도전해보는 경우가 많았고, 한동안 거의 모두가 그 공부 방법을 사용하기도 했다.

발상을 전환해보면, 많은 친구가 사용하고 있는 공부 팁과 공부법은 이미 친구들에 의해서 검증된 방법이다. 물론 내가 그 방법을 사용했을 때 효과가 있을지는 알 수 없지만, 적어도 친구들이 공부할 때는 도움이 되었을 것이다. 반면에 공부할 때 생기는 문제를 해결하기 위해서 내가 직접 하나부터 열까지 해결책을 찾는 것은 시간도 걸리고 생각해내기가 어렵다.

친구들의 공부 습관을 따라 하는 것에 죄책감을 가지지 않았으면 좋겠다. 오히려 좋은 친구라면 자신의 방법을 사용해서 친구가 도움을 받은 것을 알았을 때 뿌듯해하고 자랑스러워할 것이다.

그리고 다른 친구들도 누군가를 참고해서 공부하고 있을 가능성이 높다. 그 대상은 주변 지인들일 수도 있고, 인터넷에서 '공부 잘하는 사람들'일 수도 있다. '공부 잘하는 사람들'이 자신의 공부 방법에 대한 글이나 영상을 만드는 것은 "이 공부법을 따라 해도 좋습니다"라고 허락하는 것이 아니라, "내가 이 방법을 사용하여 좋은 결과가 나왔으니 한번 시도해보세요" 하고 소개하는 목적이다.

즉 누군가의 공부 방법을 따라 하는 것은 딱히 허락이 필요한 일이 아니다. 그래도 만약 눈치가 보인다면 부끄러워하지 말고 허락을 받아보라. 나도 친구한테 혹시 너의 이런이런 공부 방법을 따라 해도 되겠냐고 물어봤던 적이 있는데, 오히려 그 친구가 이게 허락을 받을 일이냐면서 민망해하면서 허락해줬던 적이 있다.

✩✩✩
머리에 쏙쏙 박히는 1등의 암기법

암기력은 성적과 직결되는 아주 중요한 능력이다. 물론 교과서 내용을 모두 암기한다고 해서 시험에서의 100점이 무조건 보장되는 것은 아니다. 문제를 보고 어떤 개념이 활용되었는지 파악할 수 있어야 하고, 그 개념을 응용하여 문제 풀이에 활용하는 능력도 필요하다.

혹자는 '흐름'을 보면서 공부한다면 암기하지 않아도 문제를 풀 수 있다고 말하기도 한다. 암기를 싫어하는 학생들도 정말 많을 거라고 생각한다. 나는 몇 시간을 들였는데, 자고 일어나면 한 문장도 제대로 기억하기 힘든 경우에 좌절을 느껴보았을 것이다. 하지만 암기는 공부의 기본 중 기본이다. 아무리 응용력과 사고력이 뛰어나도, 머릿속에 암기된 개념이 없으면 무용지물이다.

예를 들어, 한국사는 대표적인 암기 과목이다. 처음에는 당연히 역사의 흐름에 따라 어떤 인물이 등장해서 어떤 업적을 세웠는지에 대해 흐름을 위주로 이해할 것이다. 하지만 흐름만으로 각 시기 어떤 왕이 통치를 했고 어떤 정책을 시행했으며 당대 사회상은 어땠는지 등 모든 내용을 세세하게 기억할 수는 없다.

한국지리도 비슷한 과목이다. 솔직히 나는 한국지리 강의를 들을 때 어떤 지형이 어떤 과정을 통해 생겼고, 인구 이동이 어떤 요인에 의해 일어나는지 등 너무 잘 이해돼서 개념 강의를 들을 때 깜짝 놀랐다. 논리를 따라가면 이해하는 것 자체는 어렵지 않다. 하지만 이해하고 기억해야 하는 양이 너무 많기 때문에 한국지리도 암기 과목으로 분류되는 것이다.

암기를 피하는 건 좋은 선택이 아니다. 또 한두 번 교과서를 가볍게 훑으면 암기가 될 거라고 생각하는 것도 자신을 너무 과대평가하는 것이다. 따라서 조금이라도 효율적으로 암기를 할 수 있도록 방법을 찾아보는 것이 좋다. 자신만의 암기법을 개발하는 것도 좋지만, 나는 주변 친구들의 도움을 많이 받았다.

고등학교 때 우리 학교 전교생이 따라 했던 대표적인 암기법에는 일명 '화이트 암기법'이 있다.

전교생이 따라 한 '화이트 암기법'

영어 과목을 공부할 때 거의 대부분의 친구들은 교과서에 나오는 지문을 그대로 외워서 시험을 보았다. 지문 양이 워낙 많아서 깜지를 써가면서 공부하는 친구들도 있었고, 그냥 여러 번 읽는 친구들도 있었다.

'화이트 암기법'은 우선 교과서 지문을 몇 번 외워본 후, 교과서를 복사해서 중요한 부분에 수정테이프(화이트)를 칠한다. 그런 후 머릿속으로 지문의 내용을 떠올려 화이트 부분의 단어를 직접 채워서 본문을 다시 암기하고 답을 체크하면서 완전히 외울 수 있게 한다.

확실히 효과가 있었던 방법이었기 때문에 전교에 소문이 났고, 한 명이 시작한 이 '화이트 암기 방법'은 전교생 절반 이상이 사용하게 되었다. 그 한 명은 다른 친구들이 자신의 방법을 사용하는 것에 대해 별로 개의치 않았다.

친구에게 배운 '동그라미 암기법'

고등학교 시절을 떠올릴 때, 빼놓을 수 없는 소중한 친구들이 몇 명 있다. 그중에서 조언을 많이 받았던 고마운 A라는 친구가 있었다.

A는 우리 학년에서 전교 1등을 하던 친구였다. 매사에 열심이었고,

공부에 대한 의지가 대단했다. 친하지 않을 때도 대단하다고 생각했었고, 친해지고 나서는 가까이에서 A가 공부하는 걸 보고 공부에 큰 자극을 받기도 했다.

A는 아플 때도 의지력으로 공부를 했고, 시간이 부족하면 밤을 새워서라도 공부를 마쳐야 직성이 풀리는 친구였다. 공부를 열심히 하면서도 자기와 친한 친구는 잘 챙겨주는 성격이었기 때문에 공부를 포함한 인간관계 등 여러 학교생활의 측면에서 조언을 많이 받았다.

A는 독보적인 1등이었던 만큼 특이한 공부 방법을 많이 사용했다. 그중 내가 참고했던 특이한 암기 방법이 있었다. 공식적인 이름은 없었지만 편의를 위해서 '동그라미 암기법'이라고 지칭하겠다. 교과서, 수업 시간에 썼던 유인물, 정리 노트 등 무슨 자료이든 상관없다. A는 고1 때부터 원문이 보이지 않을 정도로 동그라미를 치면서 공부를 했다.

솔직히 처음에는 왜 저렇게 공부하는지 의문이었다. 나도 시도를 해보고 싶었지만 책이 더러워지는 것 같아서 조금 꺼려지기도 했다. 무엇보다 효과가 있는지 확실하지 않아서 시도하기 어려웠다. 동그라미를 여러 번 치다 보니 연필·샤프 소리가 많이 나기도 하고, 한번 이 암기법을 쓰고 나면 책이 흑연 범벅이 되기 때문에 학교 내에서도 A의 암기법은 정말 유명했다. 책 한 쪽만 펼쳐봐도 이 책이 A의 것임을 바로 알 수 있을 정도였다.

그런데 어느 순간 A의 친구 몇 명이 그 암기법을 따라 하기 시작했다. 생각보다 효과가 좋다는 얘기가 많았다. 나는 원래 무언가를 암기할 때 외워야 하는 내용을 이면지에 끄적였다. 소위 '깜지'를 쓰듯이 암기를 했기 때문에 분량이 너무 많거나 내용이 길면 내 암기 방법을 쓸 수 없었다. 그렇다고 해서 눈으로만 공부 내용을 읽는다고 해서 충분히 공부가 되지 않았다.

효율적인 암기 방법을 고민하던 중 A의 동그라미 암기법을 한번 써보기로 했다. 별로 기대하지 않았는데 정말 효과가 있었고, 고등학교 2학년 때부터 수능 공부할 때까지 이 암기 방법을 사용했다. 실제로 내가 이 방법으로 공부하고 있을 때, 주변 친구들이 "너 왜 A 따라 하냐"고 우스갯소리로 한마디 던지고 가기도 했다.

'동그라미 암기법'을 사용하는 건 간단하다. 어떤 지문의 내용을 학습하려고 할 때, 거의 모든 단어에 동그라미를 여러 번 쳐가면서 암기하는 방법이다. 조사를 제외한 거의 모든 단어에 동그라미를 쳐야 한다. 목적은 지문의 맥락까지 기억하는 것이다.

몇몇 키워드 위주로 외우다 보면 그 단어들 사이에 어떤 관계가 있는지는 중요하지 않게 되기 때문에, 문장을 그대로 외우려고 노력하면 어떤 맥락에서 각각의 키워드가 제시되었는지 파악할 수 있다. 모든 공부 방법이 그렇지만, 손으로는 동그라미를 치면서 머리로는 다른 생각을 하고 있으면 아무리 동그라미를 많이 그려도 소용이 없다. 동그라미를 치면서 입으로 그 단어를 한 번씩 더 말해보고, 외워질 때까지 동그라미를 그린다. 그래서 책이 어쩔 수 없이 더러워진다.

무식한 방법이라고 받아들여질 수도 있을 것 같다. 솔직히 나도 내가 이 방법을 쓰기 전까지는 그냥 동그라미만 치는 건데 무슨 소용이 있을까 하고 의문을 가졌다. 그래도 나를 포함한 많은 친구들이 효과를 본 방법인 만큼 한 번쯤 시도해보았으면 한다.

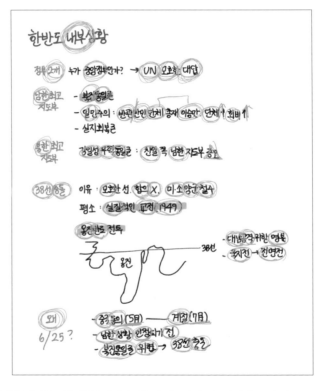

동그라미 공부법을 사용한 한 페이지. 한 번 깔끔하게 동그라미를 그린 것으로 끝내지 않고 단어 하나하나가 머릿속에 들어올 때까지 여러 번 동그라미를 그려준다.

수업 내용을
빠짐없이 공부하는 비결

1등부터 꼴등까지의 순서대로 등급이 갈리고, 한 문제 어쩌면 1점에도 희비가 갈리는 것이 내신 시험이다. 내가 성적이 잘 나와도 모두가 좋은 성적을 받으면 기대한 만큼의 등급을 받지 못할 수도 있다. 상대평가로 산출하는 내신 등급은 필연적으로 경쟁을 불러온다.

따라서 자신이 공들여서 만든 공부 자료를 다른 사람에게 보여주는 게 망설여지는 것이 당연하다. 내가 준 자료 덕분에 다른 친구가 나보다 좋은 성적을 받으면 어떡하지라는 생각도 든다. 하지만 이런 치열한 내신 경쟁 속에서도 나는 감히 '배워서 남 줘라'라고 말하고 싶다.

'배워서 남 주는' 방법에는 두 가지가 있다.

친구와 노트 공유하기

첫 번째는 학습 자료를 만들어서 공유하는 것이다. 특히 서로 다른 반에 있는 학생들끼리 자료를 공유하는 것이 좋다. 같은 과목이더라도 반에 따라 선생님이 다를 수 있고, 같은 선생님이더라도 각 반에서 강조하는 부분이 다를 수 있기 때문이다.

중학교 2학년 때 도덕 선생님이 두 분이셨는데, 앞반 담당 선생님이 가르쳐주신 걸 뒷반 담당 선생님은 가르쳐주지 않았다. 그런데 그 내용이 시험에 나와서 뒷반 학생들이 거의 다 그 문제를 틀렸었다. 뒷반 학생들 중 유일하게 한 명만 이 문제를 맞았는데, 듣기로는 앞반 친구의 필기를 참고해서 공부했다고 했다. 혹시 나도 저렇게 시험 문제를 틀리지 않을까 걱정이 되었고, 그때부터 다른 친구와 필기를 공유하는 습관이 생겼다.

수업을 들을 때 항상 최상의 집중력을 발휘할 수도 없다. 어떤 날은 정말 집중이 잘 되어서 선생님 말씀을 하나하나 다 적을 수도 있고, 어떤 날은 너무 피곤해서 제대로 필기를 못 하는 날도 있다. 물론 의지력으로 항상 집중할 수 있다면 좋겠지만, 그러지 못해서 내가 놓친 부분은 다른 친구의 필기를 참고하는 것이 이득이다.

고등학교 2학년 국어 과목에서 잠깐 집중을 하지 못해서 필기를 하나 잘못했는데, 시험에 하필 그 부분이 출제되어 딱 한 문제를 틀린 뼈아픈 기억이 있다. 내가 틀린 문제를 보고 친구가 "내 필기 참고

하지 그랬어" 하고 나보다 더 안타까워했던 기억이 난다.

따라서 친구와 학습 자료를 공유한다면 시험을 효율적으로 준비할 수 있다. 설사 나와 친구의 필기가 같아 추가할 내용이 없더라도, 내가 필기를 꼼꼼히 잘했다는 것을 확인할 수 있으니 도움이 된다.

친구와 서로 가르쳐주기

두 번째는 직접 가르쳐주는 것이다. 어려운 문제 몇 개를 설명하는 것도 괜찮고, 기회를 마련해서 한 소단원 정도를 수업하듯이 가르쳐주는 것도 괜찮다. 이건 내가 중학교 1학년 때부터 시작했던 방법이다. 과학을 어려워하는 친구들이 있어서 일주일에 한 번 정도 그 친구들을 집에 불러서 교과 내용을 설명해줬다. 진짜 선생님처럼 잘 설명하고 싶어서 PPT 자료를 만들었고, 유인물도 만들어서 친구들에게 나누어줬다.

중요한 건 내가 남을 가르칠 만큼 잘 알아야 한다는 것이다. 배운 것을 남에게 주려면 나 자신이 가르칠 내용을 아주 잘 이해하고 있어야 한다. 배우는 사람이 이해하지 못하는 부분이 없도록 쉽게 가르쳐줄 자신감이 있어야 하며, 질문에 술술 답해줄 수 있을 만큼 그 교과 내용을 잘 알아야 한다.

이렇게 일방적인 수업 형식의 공부도 좋지만, 내가 더 추천하는 것은 '서로' 가르쳐주는 것이다. 모두가 관련 교과 내용을 알고 있는 상태에서, 각자 어느 부분을 설명할지 미리 정해놓고 한 명씩 서로에게 가르쳐주는 것이다. 이렇게 하면 서로 잘 설명해주고 있는지 피드백도 해줄 수 있고, 다른 친구의 설명을 들으면서 복습도 할 수 있다.

배워서 남 주면 내신이 잡힌다

내가 고등학교 때 국어 내신 공부를 한 두 가지 방법을 통해 좀 더 구체적으로 설명해보겠다.

우리 학교는 국내 대학 진학을 준비하는 고3 반이 총 2개였다. 그래서 우리 반 친구 한 명, 옆 반 친구 두 명과 필기 내용을 교환하기로 했다. 우리 반 친구의 필기는 내가 놓친 부분을 보완하기 위해서, 다른 반 친구 두 명의 필기는 선생님이 옆 반에서 언급한 주요 내용이나 사소한 디테일이 시험에 나올 것에 대비하기 위해서였다. 그렇게 나는 내 필기와 겹치는 부분은 제외하고 친구의 노트에서 새로운 내용을 옮겨 적었다.

그리고 또 다른 친구 2명과 서로 가르쳐주는 두 번째 공부법을 사용했다. 이 친구들도 각자 2~3명 정도의 필기를 참고해서 자료를 만들었기 때문에, 결국 서로 가르쳐주면서 거의 10명의 필기를 공유한 것이다. 이 정도 되면 수업 내용은 거의 빠지지 않고 꼼꼼하게 공부할 수 있다.

10명 정도의 필기를 한꺼번에 공유했으므로 자신이 몰랐던 내용을 아주 조금이라도 더 알 수 있고, 친구들끼리 설명해주는 것이기 때문에 서로에게 부담 없이 질문도 할 수 있다. 이 과정에서 우리끼리 해결되지 않는 의문은 다시 선생님께 여쭈어보았고, 마지막에는 예상 출제문제까지 같이 만들면서 거의 완벽하게 시험을 준비할 수 있었다.

예를 들자면 이런 식으로 가르쳐준다.

- 학생A: 이 구절에서는 화자의 감정에 집중해서 해석해야 해. 예를 들어 이 단어는 이런 감정을 나타내는 거고, 이 단어는 이렇게 감정을 반전시키고 있는 거라고 선생님께서 말씀하셨어. 그리고 다음 구절은….
- 학생B: 아, 그리고 방금 구절에서 특정 표현법이 사용되었다는 걸 선생님께서 강조하셨어. 바로 앞 구절이랑 비슷한 표현법이니까 기억해두는 게 좋을 것 같아.
- 학생C: A야 혹시 이 구절 다시 한 번만 설명해줄 수 있을까?

이렇듯 '배워서 남 주는' 방법은 결코 내가 손해를 보는 공부 방법이 아니다. 사소하게는 다른 친구들에게 내가 아는 것을 알려주면서 뿌듯함을 얻을 수도 있고, 내가 다른 사람에게 가르쳐줄 수 있을 만

큰 교과 내용을 열심히 공부하게 되는 또 하나의 동기가 생긴다. 친구들과 경쟁해야 하는 학생들도 충분히 이렇게 공부할 이유가 있는 것이다.

'배워서 남 준다'는 말을 '손해를 보면서 남을 도와주라'라는 말로 생각하지 않았으면 좋겠다. 상황에 따라서 (그리고 대부분) '배워서 남 주는' 것은 주는 사람에게도 받는 사람에게도 도움이 되기 때문이다.

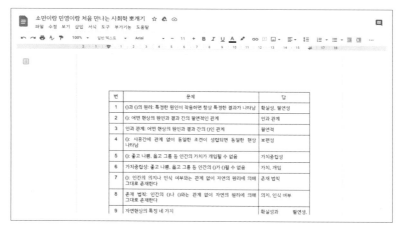

친구와 함께 만든 예상 출제문제 공유 문서. 수행평가를 준비하기 위해 만들었다. 친구와 문제를 같이 만드니 시간도 적게 걸렸고, 내가 생각해내지 못한 문제도 풀 수 있었다.

Chapter 5

수능 만점을 만든
과목별 공부의 비밀

✮✮✮
수능 1교시 국어,
집중력을 잡아라

국어는 수능에서 가장 먼저 마주하게 되는 과목이다. 나는 솔직히 왜 국어를 1교시에 시험 보도록 해놓았는지 이해가 되지 않는다. 수험생들이 굉장히 부담을 많이 느끼고 어려워하는 과목인 데다가, 제일 먼저 시험을 보기 때문에 머리가 아직 풀리지 않은 상태에서 문제를 풀어야만 한다.

물론 컨디션을 유지하고 공부 관성을 되찾는 것도 개인의 역량이기는 하다. 다만 국어를 1교시로 배정하는 것은 수험생활을 할 때부터 친구들과 항상 얘기하던 문제이다. 상대적으로 부담이 적은 한국사를 1교시에 배정해 머리를 풀 수 있게 하면 어떨까, 하는 게 나와 친구들의 의견이었다. 그만큼 국어는 많이 까다로운 과목이다.

많은 수험생들이 수능 국어 과목을 공부하면서 한국인으로서의 정체성을 의심하고는 한다. 2019학년도 수능 국어의 엄청난 난이도는 수험생뿐 아니라 수능을 일찍이 본 사람들도 알 정도였다. 그만큼 학생들은 국어를 어떻게 잘 풀어야 할지 계속 고민한다.

그래서 그동안 학원과 인터넷 강의, 주변 친구들의 공부법을 참고하면서 배우거나 내가 직접 알아낸 여러 국어 공부법에 대해 이야기해보고자 한다.

기본 중의 기본, 기출문제를 풀어라

국어는 수능 과목 중에서도 기출문제 풀이가 가장 중요한 과목이라고 생각한다. 기출문제는 수능을 출제하는 평가원의 출제 경향성을 파악할 수 있는 자료이다. 시험지에 문제 배열이 어떻게 되어 있는지, 어떤 유형의 문제가 몇 문제 정도 출제되는지 파악이 가능하다.

하지만 그보다 중요한 것은 평가원이 학생들에게 요구하는 공부 내용이 무엇인지 알 수 있다. 예를 들어, 최근 3개년 정도의 국어 기출문제를 살펴보면, 문법 부분에서는 단순히 문법 개념을 적용하는 문제뿐 아니라, 중세에서 현대로 시간이 지나면서 국어 문법도 어떻게 바뀌었는지를 이해하고 푸는 문제가 있다. 이런 경향을 파악하면 무슨 문제를 골라서 연습해보아야 할지 판단할 수 있다.

특히 수능을 보는 해에 치루는 6월, 9월 모의고사는 평가원 수능에서 어떤 주제를 어떻게 접근하는 문제가 나올지 상당히 직접적으로 알려주는 시험이다.

기출문제 중에서도 최근의 기출문제를 보는 게 중요하다. 당장 7~8년 정도 전의 기출문제를 인쇄해서 풀어보면, 최근의 시험과 사뭇 다르다는 것이 느껴질 것이다. 상대적으로 지문 길이가 짧고, 난이도도 쉽다. 수험생들의 수준이 상향 평준화되면서 해가 갈수록 평가원에서 내는 문제의 난이도가 점점 높아진 것이다.

이런 예전의 기출문제는 초반에 독해력을 키우고 국어 지문에 익숙해지는 용도로 가볍게 푸는 것은 괜찮으나, 자세하게 분석하는 용도로는 적절하지 못하다. 오히려 3~5개년 분량을 여러 번 공부하는 것이 낫다.

기출문제를 내 것으로 만드는 법

기출문제로 공부하면 나의 문제 풀이 속도를 미리 가늠해볼 수 있고, 내가 어느 부분에 강하고 약한지 파악할 수 있고, 평가원의 문제 유형을 분석하는 데도 큰 도움이 된다. 따라서 여러 번 반복해 풀면서 이러한 장점들을 확실한 내 것으로 만들어보자. 내가 기출문제를 반복해서 공부한 방법은 다음과 같다.

첫 번째로 볼 때는 모의고사 단위로 시간을 재면서 풀었다. 시간에 맞춰서 최대한 모든 문제를 풀 수 있도록 노력하고, 앞서 언급한 각 부분에서 시간이 얼마나 걸리는지 간단하게 메모한다. 채점을 한 후에는 틀린 문제 위주로 복습을 한다.

두 번째로 볼 때는 가능한 한 시간을 최대한 할애해 문제를 맞히려고 노력했다. 이때는 틀린 문제뿐만 아니라 문제에 있는 모든 선지의 근거를 적어가면서 분석해야 한다. 두 번째로 볼 때는 꼭 모의고사 단위로 공부할 필요 없이, 문학 기출문제 모음, 비문학 기출문제 모음과 같이 부분별로 모여 있는 문제집을 봐도 좋다.

세 번째로 볼 때는 지문을 구조화하는 연습을 하는 것이 좋다. 3회독 정도 할 때쯤이면 대부분 문제의 답이 기억나거나, 문제를 푸는 논리가 기억나기 때문에 문제를 맞히고 틀리는 것에 집착하는 것은 의미가 없다. 한 문단의 핵심이 되는 문장을 찾고, 지문 안의 인과관계와 상관관계를 이 부분에서 복습하도록 한다.

네 번째 이상 볼 때는 2~3회독을 반복하면 된다.

화법과 작문을 풀 때 유념할 두 가지

화법과 작문은 국어 시험에서 맨 처음 만나게 되는 문제 유형이다. 다른 부분보다 쉬운 편이기는 하지만 최근 들어 문제가 조금 까다롭게 출제되고 있다. 2019학년도 수능에서 국어가 난이도로 악명 높았던 데에도 화법과 작문 유형이 한몫했다.

보통 화법, 작문, 문법은 합쳐서 '20분 컷'을 해야 한다고 말할 정도로 부담이 적은 유형인데, 화법과 작문 부분의 정보량이 갑자기 많아져 수험생들이 여기에서만 30분 정도를 소모하면서 문학과 비문학 부분에서 쓸 시간이 크게 줄어든 것이다.

따라서 화법과 작문을 풀 때는 다음 두 가지를 유념해야 한다.

첫째, 아직 집중력을 완전히 끌어올리지 못한 상태이다.

둘째, 절대 쉽기만 한 부분이 아니다.

첫 번째 문제를 해결하기 위해서는 머리가 다 풀리지 않은 상태에서 이 유형의 문제를 풀어보는 연습이 필요하다. 그래서 나는 화법, 작문 부분을 아침에 푸는 연습을 꾸준히 했다. 기출문제집 중에 화법과 작문 부분만 모아놓은 문제집이 있다. 그걸 하나 사서, 매일 아침 일어나서 공부의 시작으로 1번부터 10번까지 1세트씩 푸는 연습을 했다.

지문을 꼼꼼하게 읽고 근거나 통계 자료를 문제 선지에 대응시키는 걸 아침마다 계속하다 보면 피곤하거나 잠이 덜 깬 상황에서도 화법과 작문 문제를 푸는 것에 익숙해진다. 화법과 작문 부분에서 최대한 실수를 줄이기 위한 하나의 방법이다.

두 번째 문제를 해결하기 위해서는 오히려 화법과 작문에서 시간을 적게 써야 한다는 강박에서 벗어나야 한다. 처음부터 시간을 줄이려고 노력하면 목표한 시간보다 더 오래 걸렸을 때 조급해져서 꼼꼼히 문제를 보지 못한다. 화법과 작문 문제는 상대적으로 쉽기 때문에 이렇게 문제를 계속 틀려도 단순히 '실수'라고 생각하게 되고, 결국 화법과 작문 문제를 꼼꼼하게 보지 않는 나쁜 습관이 든다.

문제 풀이 시간을 줄이는 방법은 '시간을 줄여야지'라고 생각하는 것이 아니라 계속 연습 문제를 풀면서 풀이력을 늘리는 것이다. 이건 화법과 작문뿐 아니라 다른 모든 공부에서 성립하는 말이다. 시간을 줄이려고 노력하기보다는, 문제 풀이 능력을 길러서 자연스럽게 시간을 줄일 수 있도록 하자.

문법 개념 '단권화'하기

문법은 지문을 보고 응용해서 푸는 문제 2개와 보기나 간단한 설명을 보고 선지를 고르는 일반적인 문제 3개로 이루어져 있다. 수능에 나오는 문법 개념은 학교나 학원에서 배웠을 법한 내용이지만, 제대로 복습하지 않으면 헷갈리기 쉽다. 올바른 문법적 표현과 구어체 표현이 다르기 때문에 '감'으로 풀려고 하면 틀릴 확률이 높아진다.

그래서 수능 문법 대비의 시작은 '단권화'라고 생각한다. 그동안 배워왔던 문법 개념을 정리해보는 것이다. 문법 개념 참고서를 사도 좋고, 그해에 나온 수능특강 문법 교재를 써도 좋다. 나는 수능특강 문법 교재를 기준으로 노트에 문법 내용을 단권화했고, 고등학교 국어 시간에 배웠던 문법 내용 학습지와 학원 문법 교재를 활용하여 디테일을 추가했다.

그다음에는 기출문제 중 문법만 모아놓은 문제집을 사서 풀었다. 개념을 확실하게 단권화로 잘 정리해놓았다면 기출문제 푸는 것은 크게 어렵지 않을 것이다.

문제를 풀 때 앞서 설명했던 '지문형 문제'는 굳이 지문을 다 읽고 풀이하지 않아도 된다. 지문에 이미 아는 문법 개념에 대한 설명이 있다면 넘어가고, 특별한 예시나 예외, 조건 등만 표시한다. 단, 처음 보는 문법 내용이 있을 때는 집중해서 읽어야 한다. 이렇게 하는 게 헷갈리지도 않고 시간도 훨씬 절약된다.

최근에 중세 문법에 대한 문제가 많이 나오는데, 중세 문법은 범위가 워낙 넓고 나오는 예시도 항상 달라진다. 그래서 중세 문법은 아주 기본적인 개념 외에는 굳이 외우려고 하지 않는 것이 좋다. 중세 문법은 현대 문법과 비교하는 문제가 항상 나오기 때문에 현대 문법을 잘 알고 있으면 충분히 응용해서 잘 풀 수 있다.

학생들이 중세 문법을 생소하게 느낀다는 걸 평가원도 잘 알고 있기 때문에 지문이나 문제 보기를 통해서 상세하게 설명해준다. 따라서 문제를 꼼꼼하게만 읽으면 충분히 답을 맞힐 수 있다.

문학, 양보다 전략으로 해결하자

수능에 나올 법한 문학 작품을 전부 공부하는 것은 사실상 불가능하다. EBS 연계교재에 나오는 문학 작품 정도는 공부할 수 있지만, 평가원에서는 항상 새로운 문학 작품을 1~2개 정도 추가해 출제한다. 고전 문학부터 현대 문학까지 모든 작품에 대비하려고 들면 다른 과목은 모두 제쳐두고 국어 문학만 파도 될까 말까다.

그러므로 문학 작품을 많이 살펴보려고 하기보다 전략적으로 공부해야 한다. 문학 작품의 수는 굉장히 많지만, 갈래나 주제를 기준으로 작품을 분류해보면 공부할 양이 상당히 줄어든다. 문학의 종류는 크게 소설, 극, 수필, 시로 나뉘고, 여기에서 시를 좀 더 세분화해서 향가, 가사, 시조, 자유시, 정형시 등으로 분류하고 있다.

문학을 공부할 때는 이렇게 갈래를 나눠 공부하는 것이 바람직하다. 각 갈래나 주제에서 자주 나오는 문학 개념어를 먼저 학습한 후 문제를 풀면, 같거나 비슷한 종류의 문제가 시험에서 나왔을 때 이를 응용해서 풀 수 있다.

예를 들어, 고전 소설 중에는 '적강 화소'라는 주제가 담겨 있는 작품이 많다. 적강 화소는 천상적 존재였던 주인공이 모종의 이유로 인간 세상에 내려온다는 내용이다. 즉 이 화소가 담겨 있는 작품의 주인공은 일반적으로 비범한 생김새와 능력을 갖고 숱한 어려움을 겪다가 결실을 맺는다. 〈구운몽〉, 〈숙향전〉 같은 작품이 이에 해당한다.

만약 이 화소를 미리 공부해놓는다면, 시험에 적강 화소를 다루는 생소한 작품이 나왔을 때 적강 화소의 일반적인 특징을 떠올리면서 풀면 된다.

또 고전 문학 중에는 '자연 친화' 주제를 다루는 작품이 정말 많다. '자연 친화'를 다루는 대부분의 작품에서는 인간 세계와 자연의 대립이 드러나고, 자연은 보통 무욕의 공간으로 형상화되며 화자가 물아일체의 경지에 다다른다는 특징을 가진다. 즉 '자연 친화'를 다룬 대표적인 작품 몇 가지를 공부해놓는다면 처음 보는 '자연 친화' 주제의 작품이라고 해도 문제를 푸는 것이 어렵지 않다.

나아가 기본적인 문학 개념어를 반드시 학습해야 한다. 선지에 자주 나오는 설의법, 대구법 같은 표현상 특징 관련 용어들을 모른다면 작품을 이해한다고 해도 문제를 풀 수 없다. 하지만 더 중요한 건 평가원에서 이런 문학 개념어를 어떻게 정의하고 있는가이다. 너무 추상적이니 예를 들어서 설명해보도록 하겠다.

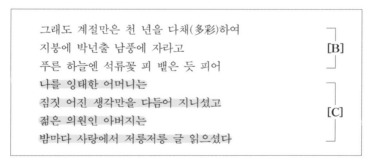

그래도 계절만은 천 년을 다채(多彩)하여
지붕에 박넌출 남풍에 자라고 　　　　　[B]
푸른 하늘엔 석류꽃 피 뱉은 듯 피어
나를 잉태한 어머니는
짐짓 어진 생각만을 다듬어 지니셨고 　[C]
젊은 의원인 아버지는
밤마다 사랑에서 저릉저릉 글 읽으셨다

2019학년도 수능 국어 33~35번 문학 지문

34. [A]~[E]에 대한 이해로 적절하지 <u>않은</u> 것은? [3점]

① [A] : 청각의 시각화를 통해 음산한 시적 상황을 조성하고 있다.
② [B] : 시대 상황과 대비되는 자연의 모습을 통해 생명력을 표현하고 있다.
③ [C] : 대구 형식을 활용하여 화자의 출생을 앞둔 집안의 분위기를 드러내고 있다.
④ [D] : 화자가 태어난 날의 상황을 구체적으로 서술하여 출생에 대한 감격을 드러내고 있다.
⑤ [E] : 울음소리에서 연상되는 상반된 의미와 연결하여 화자의 이름이 지어진 이유를 제시하고 있다.

2019학년도 수능 국어 34번 문학 문제

위 문제는 2019학년도 수능에서 나온 문학 문제이다. '대구'는 수능을 준비하는 수험생이라면 몇백 번이고 봤을 법한 기본 중의 기본인 문학 개념어이다. 국립국어원 표준국어대사전에 따르면 '대구'는 "비슷한 어조나 어세를 가진 어구를 짝지어 표현의 효과를 나타내는 수사법"이다. '콩 심은 데 콩 나고, 팥 심은 데 팥 나고'처럼 문장의 전체적인 구조와 문장 성분의 위치, 사용되는 단어가 비슷하면 대구법으로 판단한다.

위 문제에서 많은 학생들이 헷갈렸던 것은 선지에 '대구법'이 아닌 '대구 형식'이라고 나와 있고, [C]가 엄연한 대구법을 따르는 구조가 아니기 때문이다. 지문에서 '~는 ~하셨다'라는 구조가 반복되긴 하지만 중간에 형식이 다른 부분이 너무 많다. 하지만 평가원에서는 3번을 맞는 선지라고 판단하여 문제를 냈다.

이 문제를 통해 우리가 알 수 있는 건, 평가원에서 정의하는 '대구 형식'에는 [C] 정도의 구조도 해당한다는 것이다. 앞으로 평가원 시험에 나오는 '대구 형식'이라는 선지의 진위를 판단할 때 우리는 글자 수나 단어 하나하나를 엄격하게 고려할 필요가 없다는 것을 이 문제를 통해 알 수 있다.

문학은 풀면서 학생의 주관이 가장 많이 개입될 수 있는 부분이다. 내가 생각하는 개념어의 정의와 평가원에서 생각하는 개념어의 정의가 다를 수 있다. 기출문제의 중요성은 여기에서 또 한 번 강조된다. 따라서 문학 개념어를 학습한 후 해당 문학 개념어가 있는 기출문제를 풀면서 평가원에서는 이 문학 개념어의 범위를 어떻게 정의하고 있는지 꼭 정리해보자.

비문학, 양으로 밀어붙여라

솔직하게 말하자면, 비문학은 고득점의 지름길이나 특별한 방법이 없다. 나도 수능 전날까지 계속 틀리던 부분이 국어 비문학이었고, 역시나 수능을 보는 순간에도 너무 어렵다고 생각했다. 시험지에 욕도 적었다.

국어 비문학 실력을 늘리는 가장 좋은 방법은 양으로 밀어붙이는 것이다. 물론 '기출문제'를 양으로 밀어붙여야 한다. 사설 모의고사를 보면서 새로운 문제와 지문에 대한 감을 익히는 것도 좋지만, 평가원 식의 독서 지문에 익숙해지는 것이 훨씬 낫다. 앞서 말했던 기출문제 풀이 방법을 충실하게 따르고, 천천히 지문을 읽는 연습을 하면서 지문과 지문 사이의 관계를 찾아보라.

한 가지 소소한 팁은 예외와 조건에 표시를 하는 것이다. 과학 법칙이나 법률적인 내용이 나올 때는 대부분 특정 조건에서 예외적인 현상이 나타나거나 예외적으로 규정을 적용해야 하는 경우가 제시된다. 이런 예외는 거의 100퍼센트 확률로 문제로 출제된다.

특히 3점짜리 제일 어려운 응용 문제로 많이 출제되는데, 이 예외와 조건을 놓쳐서 답을 못 찾는 경우가 많다. 많은 지문 중 고작 한 문장, 심한 경우 단 몇 단어 정도로 이 예외와 조건이 설명되고 있다면 뒤늦게 찾으려고 할 때 시간이 더욱 많이 걸릴 수밖에 없다. 따라서 지문을 읽을 때 예외나 조건이 제시되면 바로 체크해놓는 것이 좋다. 여기에 익숙해지면 지문을 읽으면서 무슨 문제가 나오겠구나 짐작이 될 때도 있다.

다음은 2020학년도 고3 9월 모의고사 비문학 지문 중 일부이다. '다만'으로 시작하는 이 문장이 조건인데, 난 이 부분을 읽으면서 이 문장을 활용한 변별 문제가 나올 거라 확신했다. 아니나 다를까 배점이 가장 높은 3점짜리 30번 문제에 이를 활용한 문제가 나왔다. 지문을 더 읽어보면 알겠지만, 〈보기〉에서 설명하는 것은 점유개정 상황이므로 선의취득이 불가하다.

양도인이 소유자가 아니더라도 양수인이 점유 인도를 받으면 소유권을 취득할 수 있을까? 점유로 공시되는 동산의 경우 양수인이 충분히 주의를 했는데도 양도인이 소유자가 아님을 알지 못한 채 양도인과 유효한 계약을 하고, 점유 인도로 공시를 했다면 양수인은 소유권을 취득한다. 이것을 '선의취득'이라 한다. **다만 간접점유에 의한 인도 방법 중 점유개정으로는 선의취득을 하지 못한다.** 선의취득으로 양수인이 소유권을 취득하면 원래 소유자는 원하지 않아도 소유권을 상실하게 된다.

30. 윗글을 바탕으로 할 때, <보기>를 이해한 내용으로 적절하지 <u>않은</u> 것은? [3점]

<보 기>

　　갑과 을은, 갑이 끼고 있었던 금반지의 소유권을 을에게 양도하기로 하는 유효한 계약을 했다. 갑과 을은, **갑이 이 금반지를 보관하다가 을이 요구할 때 넘겨주기로** 합의했다. 을은 소유권 양도 계약을 할 때 양도인이 소유자라고 믿었고 양도인이 소유자인지 확인하기 위해 충분히 주의했다. 을은 일주일 후 병과 유효한 소유권 양도 계약을 했고, 갑에게 통지하여 사흘 후 병에게 금반지를 넘겨주라고 알려 주었다.

① 갑이 금반지 소유자였다면, 병이 금반지의 물리적 지배를 넘겨받지 않았으나 병은 소유권을 취득한다.

② 갑이 금반지 소유자였다면, 을은 갑으로부터 물리적 지배를 넘겨받지 않았으나 점유 인도를 받은 것으로 간주된다.

③ 갑이 금반지 소유자가 아니었더라도, 병은 을로부터 을이 가진 소유권을 양도받아 취득한다.

④ 갑이 금반지 소유자가 아니었더라도, 을은 반환청구권 양도로 병에게 점유 인도를 한 것으로 간주된다.

⑤ 갑이 금반지 소유자가 아니었더라도, 병이 계약할 때 양도인이 소유자라고 믿었고 양도인이 소유자인지 확인하기 위해 충분히 주의했다면, 병은 소유권을 취득한다.

따라서 을은 반지에 대한 소유권이 없으므로, 3번에서 '을이 가진 소유권'이라는 말 자체가 성립하지 않는다. 처음 보는 법률 용어가 많아서 꽤 헷갈렸지만, 이렇게 예외만 미리 찾아놓으면 간단하게 풀 수 있다.

국어 문제 풀이 요령

요령1. 지문 표시에 규칙 만들기

지문을 읽을 때 표시하는 규칙을 만드는 것, 나는 이것이 국어 지문을 독해하는 첫 단계라고 생각한다. 지문에 밑줄이나 동그라미 등의 표시를 하는 이유는 중요하다고 생각하는 부분을 쉽게 기억하고, 지나치게 긴 문장을 한 번 정도 끊어 이해도를 높이기 위해서다. 긴 지문을 읽다 보면 어느 순간 집중력을 잃을 수 있기 때문에 이렇게 하면 눈으로 읽는 내용을 머리로도 따라갈 수 있다.

중요한 내용을 표시하기 위해서는 밑줄, 동그라미, 네모, 세모, 슬래쉬(/) 등 몇 가지 모양으로 나만의 규칙을 만들어야 한다. 지문을 읽다 보면 중요하다고 느껴지는 부분이 한두 곳이 아니다. 한 문단 내에 한 주장에 대한 서로 다른 근거가 계속 나열되기도 하고, 반대되는 내용이 나오기도 한다. 그럴 때마다 모두 동그라미를 치거나 밑줄을 그으면 표시가 너무 많아져서 '진짜' 중요한 내용이 무엇인지 갈피를 잃게 된다.

그래서 나는 모든 국어 지문에서 다음과 같은 규칙을 사용했다.

네모 ☐	**한 문단에서 제일 중요한 부분** • 주제어가 될 수도 있고 주제 문장이 될 수도 있다. • 한 문단 기준으로 한두 번만 표시한다.	
동그라미 ◯	**네모 표시 이외의 중요한 단어**	
밑줄 ___	**네모 표시 이외의 중요한 문장**	
세모 △	**내용이 덧붙여지거나 뒤바뀌는 부분에 나오는 접속사** • 게다가, 더욱이, 그러므로, 하지만, 그러나 등	
마름모 ◇	**지문에 나오는 사람 이름** • 반복될 경우 맨 처음 등장할 때만 표시한다. • 소설이나 수필에서는 등장인물의 이름 · 직위, 비문학 지문에서는 학자 등	
슬래쉬 /	/ (1개)	**같은 맥락이지만 서로 다른 내용을 설명할 때** 예) 찬성에 대한 근거 1 / 찬성에 대한 근거 2
	// (2개)	**다른 맥락의 내용이 나올 때** 예) 찬성 주제문 // 반대 주제문 A1의 정의와 A2의 정의 // B의 정의
연결줄	• 이전 문장이나 문단에서 나왔던 내용이 다시 한번 나올 때, 그 내용 간의 연결고리를 표시하기 위해 연결줄을 긋는다. • 같은 내용을 다른 표현으로 서술하고 있는 부분을 서로 이어 준다.	

보전하기 위해 구성원이 납부해야 할 보험료를 ⓒ 인상할 수밖에 없다. 결국 자신의 위험 정도에 상응하는 보험료보다 더 높은 보험료를 납부하는 사람이 생기게 되는 것이다. 이러한 문제는 정보의 비대칭성에서 비롯되는데 보험 가입자의 위험 정도에 대한 정보는 보험 가입자가 보험사보다 더 많이 갖고 있기 때문이다. 이를 해결하기 위해 보험사는 보험 가입자의 감춰진 특성을 파악할 수 있는 수단이 필요하다.

우리 상법에 규정되어 있는 고지 의무는 이러한 수단이 법적으로 구현된 제도이다. 보험 계약은 보험 가입자의 청약과

지문에 '연결줄' 표시한 모습

요령2. 연필로 표시하기

또 중요한 건 '연필'로 표시하는 것이다. 실제 수능에서는 샤프나 연필 중 한 자루와 컴퓨터 사인펜만 사용할 수 있다. 물론 시험을 보고 나서 세세하게 분석을 할 때는 각종 색깔 펜이나 형광펜 등을 사용할 수 있겠지만, 문제를 풀 때는 다른 필기구는 절대 사용하지 않고 연필로 표시하는 연습을 하는 것이 좋다.

연필로는 아무리 표시해도 색깔이 튀지 않기 때문에 이 표시에 익숙해져야 한다. 평소에 가지각색의 동그라미와 밑줄에 익숙해져 있다면 실전에서 절대 연필로 하는 표시가 눈에 들어오지 않을 것이다. 나는 수능이 다가올 때는 문제를 풀고 나서 오답 정리를 할 때도 형광펜 한 자루 빼고는 모든 표시를 연필로 했다.

지문에 연필로 표시한 모습

위 지문은 2020학년도 9월 모의고사 비문학 지문이다. 첫 문단에서 가장 중요하다고 생각했던 '점유자와 소유자가 항상 일치하지는 않는다'라는 부분에 네모 표시를 했고, '점유' '소유' '직접점유' '간접점유'처럼 지문에 새롭게 제시되는 개념어에 동그라미 표시를 했다. 중간중간 슬래시(/)와 더블 슬래시(//)를 통해 문단의 내용을 구분했고, 역접을 나타내는 '이에 비해'라는 말에 세모 표시를 했다.

무채색의 동그라미나 밑줄 등에 익숙해져야 시험장에 가서도 자신의 표시를 보고 빠르고 효율적으로 답을 찾아낼 수 있다.

국어 모의고사는 보통 '화법과 작문 → 문법 → 비문학 → 문학 → 비문학 → 문학 → 비문학 → 문학 → 문학'의 순서로 문제가 배열되어 있다. 하지만 무조건 이 순서로 풀어야 하는 것은 아니다.

개인적으로 기출문제를 포함한 국어 모의고사는 문제 순서대로 풀기보다는 화법과 작문, 문법, 문학, 비문학 부분으로 나누어 푸는 것을 추천한다. 연습하면서 자신이 어느 부분에 약한지 파악하고, 그 부분을 전략적으로 맨 뒤에 푸는 것이 좋다. 이렇게 자기에게 맞는 문제 풀이 순서를 정한다면 더 좋은 결과를 얻을 수 있다.

앞서 언급했듯이 1교시는 머리가 완전히 풀리지 않았을 때이다. 따라서 자신 있거나 상대적으로 잘 풀 수 있는 부분을 먼저 풀어서 집중력을 최대로 끌어올린 후, 자신 없는 문제를 푸는 것이 현명하다. 나는 화법과 작문, 문법 부분은 문제지 순서대로 풀고, 띄엄띄엄 배열되어 있는 문학 지문 5개를 먼저 푼 후 마지막에 비문학 지문 3개를 풀었다.

나는 4개의 부분 중 비문학을 제일 어려워했는데, 순서대로 풀면 화법과 작문, 문법 다음에 바로 비문학 지문을 풀게 된다. 아직 머리가 굳어 있어 지문이 잘 읽히지 않는 상태에서 바로 비문학 지문을 보니 잘 풀리지 않았다. 그래서 나는 고등학교 3학년 4월 모의고사 정도부터 화법과 작문 → 문법 → 문학 → 비문학 순서로 풀었다.

처음에는 나도 문제지의 순서대로 문학과 비문학 지문을 번갈아가면서 풀었다. 그런데 어려운 비문학 지문을 풀면서 집중력을 잃고 그다음에 나오는 상대적으로 쉬운 문학 지문을 틀렸던 적이 있었다. 그뒤로 문학 지문을 빠르게 푼 후 남는 시간을 모두 비문학 지문에 투자하는 방식으로 나만의 문제 풀이 순서를 정한 것이다.

자신 있는 문학 부분부터 푸니 시간도 훨씬 절약되었고 비문학 때 집중도 잘 되었다. 나처럼 자신이 제일 집중하기 힘들거나 어려워하는 부분을 굳이 맨 마지막에 풀지 않더라도 언제 풀지 순서를 정해두는 것이 좋다.

비문학 지문만 계속 풀다 보면 정보량이 많아서 헷갈릴 수 있으므로 어떤 학생에게는 원래 문제지의 순서대로 푸는 것이 더 맞을 수도 있다. 모의고사에서 몇 가지 방식으로 순서를 바꿔가면서 문제를 풀어보고, 자신에게 제일 잘 맞는 방법을 찾아 정착시키기 바란다.

요령4. 파본 확인 시간 활용하기

실전 수능에서는 시험지에 인쇄상의 문제 등이 있는지 확인하기 위한 파본 확인 시간이 있다. 이때는 페이지 한 장 한 장 넘기면서 인쇄가 안 됐거나 잘못되어 있는 부분이 있는지 확인한다. 이게 공식적인 파본 확인 시간의 목적이다. 1분도 안 되는 시간이지만 특히 국어 시험을 보기 전이라면 충분히 이 시간을 잘 활용할 수 있다.

파본 확인 시간에는 천천히 시험지 페이지를 넘기면서 문학에는 어떤 작품이 나왔는지, 비문학은 어떤 제재를 다루고 있는지 파악하면 된다. 만약 비문학 지문에서 철학·법·경제 제재의 지문이 출제되었다면, 이 지문들을 어떤 순서로 풀지 평소 실력에 따라 결정하면 된다.

예를 들어 철학 지문은 자신이 없지만 법 지문은 자신이 있다면 문제지 순서대로 철학 → 법 → 경제 지문을 풀기보다는 법 → 경제 → 철학 지문 순으로 풀어야겠다는 계획을 세울 수 있다. 특히 문학은 연계 공부한 작품 중 어떤 작품이 출제되었는지 보고, 머릿속으로 그 작품의 주요 특징을 떠올리면서 시험 시작을 기다리도록 하자.

물론 이때 연필을 들어서 표시나 메모를 하면 바로 부정행위로 처리된다. 한 페이지를 너무 오래 들여다보고 있어도 안 된다. 적당히 천천히 페이지를 넘기면서 내용을 훑듯이 확인해야 한다.

수능 2교시 수학, 기출문제를 잡아라

수학은 2021학년도 수능부터 교육 과정 범위가 대폭 바뀌었다. 문과 학생들도 지수함수, 로그함수, 삼각함수 범위를 공부해야 하기 때문에 만약 내가 올해 수능을 다시 본다면 반타작도 나올지 의문이다. 하지만 수학을 공부하는 방법 자체에는 큰 차이가 없다고 생각한다.

기출, 기출, 다시 기출

수능에서 출제되는 과목 중 가장 준비하기 쉬운 과목이 수학이다. 수학 자체가 쉽거나 재미있다는 것이 아니다. 나도 수학 문제가 풀리지 않아 울어도 봤고, 연필도 부러뜨려 봤다. 숙제를 못 해서 답지를 베껴 갔던 적도 있었다.

수학은 굉장히 단계적인 과목이다. '수포자'가 많은 이유도 이 때문이다. 수학을 배우다가 한 번이라도 개념에 구멍이 생기면, 그다음 단계를 제대로 이해하기 힘들다. 한 번 진도를 놓치면 그걸 만회하기 위해 시간과 노력을 많이 들여야 하니 그냥 포기하는 것이다.

이렇게 어릴 때부터 쌓아온 수학적 지식을 최종적으로 시험하는 것이 바로 수능이다. 모든 과목이 그런 것 아니냐고 반문할 수 있겠지만, 수학은 내신에서 공부하는 범위와 수능에서 시험 보는 범위가 거의 비슷하다.

국어의 경우 일반 국어 교과서에서 다루는 독서 지문과 수능의 비문학 지문 성향이 굉장히 다르고, 영어도 수능 영어의 난이도가 훨씬 높다. EBS 연계교재나 수능형 문제로 내신 수업을 듣지 않는 이상, 수학을 제외한 다른 과목은 수능을 대비할 때 개념을 한 번 더 들어야 할 정도로 성향이 다르다.

수학은 내신 공부를 하면서 수능까지 충분히 대비할 수 있는 과목이다. 그래서 반대로 내신 공부할 때 수능 기출문제를 푸는 것도 도움이 많이 된다. 나는 고등학교 1학년 때부터 수학 내신 대비를 할 때 평가원 기출문제를 풀면서 공부했다. 솔직히 그때는 내가 수능 기출문제를 풀고 있는지도 몰랐다. 내신 대비에 좋다는 문제집을 하나 사서 풀었을 뿐이다.

3학년 때 기출 1회독을 하기 위해 문제집을 사서 풀면서 뭔가 익숙함을 느꼈고, 그때서야 내가 그동안 평가원 기출문제를 풀어왔다는 것을 깨달았다. 그 기간이 얼마나 되는지는 정확히 모르겠지만 오랫동안 풀어온 덕분에 수학 기출문제는 5~6회독 정도 한 것 같다. 물론 반복해서 풀어도 어려운 문제는 계속 틀렸다.

결국 수학도 기출문제이다. 특히 수학은 평가원의 성향을 가장 명백하게 파악할 수 있는 과목이다. 그동안 평가원이 출제한 문제를 보면서, 평가원이 어느 개념을 활용해서 푸는 문제를 좋아하는지 쉽게 판단할 수 있었다. 내신 준비할 때부터 기출문제를 꾸준히 푼다면 수험생활 1년 동안의 부담이 많이 줄어들 것이다. 나도 신유형에 대비하기 위해 사설 문제를 많이 풀었지만, 틈틈이 기출문제를 푸는 것도 절대 잊지 않았다.

까다로워진 비킬러, 준킬러 문제를 잡아라

2019학년도 수능부터 수학 과목의 경향이 대폭 바뀌었다. 최상위권 학생들도 푸는 게 쉽지 않던 '킬러 문제'의 난이도가 내려가고, 비킬러, 준킬러 문제의 난이도가 조금씩 상승했다.

2019학년도 수능 전에는 킬러 문제인 21번과 30번을 아예 풀지 않아도 다른 문제만 다 맞으면 1등급을 턱걸이로 받을 수 있다는 말이 많았다. 그건 킬러 문제가 아닌 비킬러, 준킬러 문제의 난이도가 낮았기 때문이다.

하지만 지금은 상황이 달라졌다. 킬러 문제는 처음에 문제 접근을 제대로 하고 계산 실수만 하지 않으면 바로 풀 수 있도록 난이도가 하향 조정된 반면 비킬러, 준킬러 문제는 상대적으로 까다로워졌다. 물론 이전의 킬러 문제만큼 난이도가 올라간 것은 아니지만, 비킬러, 준킬러 문제를 맞혀서 점수를 올리는 데 집중하던 중위권 학생들에게는 분명 불리한 소식이다.

솔직히 비킬러, 준킬러 문제가 아무리 어려워졌다고 해도 신중하게 고민한다면 누구나 충분히 풀 수 있다. 문제는 시간이다. 수학 시험은 100분이나 주어지지만 30문제를 이 시간 안에 모두 풀기가 생각보다 쉽지 않기 때문에 전략이 필요하다.

예전 같으면 비킬러, 준킬러를 빠른 시간 내에 먼저 풀고 최대한 시간을 확보한 후 킬러 문제를 천천히 푸는 것이 일반적인 풀이 방법이었다. 하지만 이제는 비킬러, 준킬러에서 고민하는 시간이 많아져서 상대적으로 킬러 문제가 쉬워졌음에도 시간이 모자라서 풀지 못할 수도 있다.

이쯤 되면 얼마나 어려워졌기에 시간이 그렇게 많이 걸리는지 궁금해질 것이다. 나는 9월 모의고사 19번에서 막혔고, 잘못된 풀이법을 쓰느라 여기에서만 10분 정도를 낭비했다. 사실 30초면 풀 수 있는 문제였는데도 말이다. 또 실전 수능에서는 11번에서 막혀서 굉장

히 당황했었다. 그만큼 상위권 학생들도 한 번씩 턱턱 막히는 부분이
있을 정도로 비킬러, 준킬러 문제가 예전만큼 쉽지 않다.

시간 조절도 실력이다

그래서 나는 두 가지 솔루션을 활용했다.

첫 번째, 한 번 봤을 때 1분 내에 확실한 풀이법이 떠오르지 않으
면 바로 다음 문제로 넘어갔다. 어차피 수학은 검토를 한 번 이상 해
야 한다. 또 앞서 말했듯이 비킬러, 준킬러 문제가 까다로워진 것은
사실이지만, 여전히 어느 정도 공부를 한 학생이라면 푸는 데 큰 어
려움을 느끼지 않을 만한 문제들이다.

처음 문제를 봤을 때 풀리지 않아서 당황하면, 그 직후에는 적절
한 풀이 과정이 떠오르지 않을 가능성이 높다. 그러므로 처음 문제를
보고 적절한 풀이법이 1분 안에 생각나지 않으면, 다른 문제를 다 푼
후 다시 돌아와서 그 문제를 찬찬히 다시 읽어보자. 보이지 않던 방
법이 떠오를 것이다. 어쩌면 '내가 왜 이렇게 쉬운 문제를 보고 당황
했지?'라는 생각이 들 수도 있다. 이렇게 문제 하나하나에 들이는 시
간을 최대한 줄이고 효율적으로 시간을 운용해야 성공할 수 있다.

두 번째, 1~2주에 한 번씩은 실전 모의고사를 풀었다. 기출을 많이
풀지 않은 상태라면 기출 모의고사 한 세트를 그대로 인쇄해서 풀어

도 좋고, 기출을 몇 회독 정도 했다면 사설 모의고사를 풀어도 좋다. 다만 사설 모의고사는 앞서 말했듯 평가원의 경향을 제대로 반영한 것을 푸는 걸 추천한다. 예전처럼 킬러 문제의 난이도만 높은 시험지는 연습용으로 적절하지 않다.

이렇게 실전 모의고사를 풀면서 실제 시험 시간인 100분 안에 문제를 다 푸는 연습을 해야 한다. 아마 학교에서 모의고사를 보면 OMR 카드가 남을 것이다. 그 OMR 카드를 챙겨뒀다가 실전 모의고사를 풀 때 마킹 연습까지 해보면 더욱 좋다.

어떤 날은 시간이 남을 수도 있지만, 그럴 때는 문제 풀이를 일찍 중단하지 말고 남은 시간은 검토를 하는 데 다 써보도록 한다. 만약 시간 내에 문제를 다 풀지 못했더라도 100분이 되면 문제 풀이를 바로 멈춘다. 채점을 마친 뒤에 시간을 여유롭게 두고 오답 풀이를 해도 늦지 않다. 이런 사소한 경험 하나하나가 모여서 실제 수능 때의 시간 운용 능력을 결정한다.

EBS 연계교재는 마지막에

수학 과목의 경우 상대적으로 국어나 영어만큼 EBS 연계교재의 중요성이 강조되지 않는다. 수학은 문제마다 같은 개념을 적용하더라도 얼마든지 신유형으로 출제할 수 있어서 시험에 연계된다고 해도 연계 체감율이 낮으며, 양이 많아서 차라리 기출문제를 푸는 게 생산적이라고 느껴지기도 한다. 또 EBS 연계교재는 평가원 모의고사보다는 교육청 모의고사 느낌이 강해서 평가원 기출에 익숙한 학생이라면 복잡한 계산이 많이 요구된다는 것을 느낄 수 있다.

하지만 아무리 연계 체감율이 낮다고 해도 수학 과목의 EBS 연계교재는 반드시 풀어봐야 한다. 평가원에서는 EBS 연계교재에 있는 문제를 수능에 일정 확률 이상 참고해서 출제해야 하는 규정이 있기 때문이다. 따라서 EBS 수능특강, 수능완성을 푸는 것과 풀지 않는 것은 차이가 크다.

오른쪽의 2020학년도 수능 28번 문제는 30번 다음으로 오답률이 높았던 문제였다. 하지만 나는 보자마자 이 문제가 EBS 연계라는 것을 파악할 수 있었다. 반가워서 문제 옆에 'EBS 연계'라고 작게 적어 놓고 3분도 안 되어 풀어냈다. 나중에 EBS 수능특강에 수록된 원래 문제와 비교해보니 형태만 조금 달라졌을 뿐 조건의 순서와 구하는 함숫값까지 같았다.

운이 좋게도 나는 우연히 EBS 수능특강으로 내신 수업을 받게 되었고, 선생님께서 이 문제를 특히 강조하셨다. 게다가 수능 직전에 풀었던 EBS 연계교재 문제 모음집에서 이 문제를 다시 한 번 풀어 본 것이 큰 도움이 되었다. 평가원이 이 문제를 통해 수학 과목에서도 EBS 연계 체감율을 높이겠다는 의도를 드러낸 것이 아닐까 하는 생각이 든다.

28. 다항함수 $f(x)$가 다음 조건을 만족시킨다.

> (가) 모든 실수 x에 대하여
> $$\int_1^x f(t)\,dt = \frac{x-1}{2}\{f(x)+f(1)\}$$ 이다.
>
> (나) $\int_0^2 f(x)\,dx = 5\int_{-1}^1 x f(x)\,dx$

$f(0)=1$일 때, $f(4)$의 값을 구하시오. [4점]

2020학년도 수능 수학 28번 문제

[9007-0311]
3 다항함수 $f(x)$가 임의의 두 실수 a, b에 대하여 다음 조건을 만족시킨다.

> (가) $\int_a^b f(x)\,dx = \frac{b-a}{2}\{f(a)+f(b)\}$
> (나) $\int_{-a}^a f(x)\,dx = 4a$
> (다) $f(2)=8$

$f(4)$의 값은?

① 11   ② 12   ③ 13   ④ 14   ⑤ 15

2020학년도 EBS 수능특강 문제

EBS 수학 연계교재는 수능 한두 달 남았을 때 푸는 것이 좋다. 나는 수학 선생님이 3학년 1학기 내신 시험을 수능특강에서 출제하셔서 미리 풀어보기는 했지만, 막상 수능이 가까워지면 연계교재에서 어떤 논점이 나왔었는지 기억나지 않는다. 그리고 EBS 수학 연계교재를 3회독 이상 하는 것은 시간 낭비라고 생각하기 때문에 한 번 풀 때 제대로 푸는 것이 좋다.

정리하자면 수학 과목은 평소에 기출문제를 충분히 반복해서 풀어보고, 수능이 한두 달 남았을 때 EBS 연계교재를 풀어보자. 만약 너무 시간이 없거나 이미 EBS 연계교재 1회독을 끝낸 상태라면 '수학 연계교재 문제 모음집'을 찾아서 푸는 것이 좋다.

수능이 다가올수록 각종 수험생 커뮤니티에는 이런저런 문제와 파일이 올라오는데, 그중에 찾아보면 EBS 연계교재의 많은 문제 중 개념과 논점이 중요한 문제만 모아놓은 파일이 있다. 문제 개수가 얼마 되지 않으니 한 번쯤 인쇄해서 풀어보자. 나는 수능 3일 전에 이 파일을 풀었고 덕분에 수능 때 많은 도움을 받았다.

수학 문제 풀이 요령

요령1. 풀이 과정 모두 쓰기

풀이 과정을 생략하면서 문제를 풀어도 시간이 남을까 말까 한데 대체 이게 무슨 소리냐, 하는 말이 절로 나올 것이다. 내가 모 유튜브 영상에서 2020학년도 수능 수학 문제를 다시 푼 적이 있었는데, 그 영상 댓글 중 인상 깊었던 것이 "실전에서는 저렇게 풀이 다 안 쓰시죠?"라는 내용이었다.

아니다. 난 연습이든 실전이든 수학을 풀 때는 풀이 과정을 다 쓴다. 사소한 곱셈이나 나눗셈도 일일이 식을 써서 표시한다. 고등학교 3학년 4월 모의고사를 보고, 학교 수학 선생님께서 내 모의고사 시험지를 가져가셔서 "민영아 이 풀이 과정 시험 시간에 다 쓴 거야? 그렇다기엔 엄청 정갈한데?"라고 물어보셨던 게 아직도 기억난다.

물론 모든 문제에 대한 풀이 과정을 다 적으려면 시간이 정말 많이 걸린다. 처음에는 말이다. 하지만 꾸준히 풀이 과정을 쓰는 연습을 하다 보면 시간이 점차 줄어들게 된다. 이렇게 하면 사소한 계산 실수를 상당히 줄일 수 있다.

문제 해석도 잘하고, 올바른 공식을 적용했는데 마지막 단순 계산에서 실수해서 문제를 틀리는 학생들이 많다. 내가 딱 이랬다. 그래서 난 어떻게 하면 계산 실수를 줄일 수 있을지 고민했다. 내 문제는 계산을 머릿속으로 하는 것이었다. 예를 들어, 2+3을 계산할 때 이미

모의고사 시험 시간에 적은 문제 풀이. 연습이든 실전이든 수학을 풀 때는 내신 서술형 답지를 쓸 때처럼 그 풀이 과정을 문제지 위에 정갈하게 쓰는 습관을 길러보라. 사소한 연산 실수가 상당히 줄어든다.

머릿속으로 5라고 답을 내놓고, 그 생각이 너무 앞서가서 식을 보고 다시 5+3=8로 계산해버리는 어이없는 실수를 하는 것이다.

이런 이유로 나는 수학 문제를 풀 때 세세하게 풀이 과정을 모두 쓰기 시작했다. 설령 2+3이라는 아주 쉬운 식이라도 말이다. 그러니 나처럼 단순 연산 실수가 잦은 경우라면 내신 서술형 답지를 쓸 때처럼 그 풀이 과정을 문제지 위에 정갈하게 쓰는 습관을 길러보라. 이곳저곳 풀이 과정을 산발적으로 적지 말고, 위에서 아래로, 왼쪽에서 오른쪽으로 규칙적으로 적어야 한다.

요령2. 검토하는 습관 들이기

수학 문제를 풀 때 딱 한 가지 지켰으면 하는 건 '검토'하는 습관을 들이는 것이다. 보통 학생들은 사설 모의고사나 실전 모의고사, 수능 문제를 풀 때만 검토를 한다. 일반 문제집을 풀 때는 검토를 하지 않고 바로 채점을 하는데, 종종 계산 실수 때문에 아깝게 문제를 틀리는 경우가 있다. 간혹 아예 문제 접근부터 잘못하는 경우도 있다. 그래서 검토만 한 번 한다면 맞힐 수 있는 문제가 꽤 있다. 하지만 학생들은 이걸 단순한 '실수'로 생각하고 그냥 넘어가기 마련이다.

그래서 나는 평소 수학 문제를 풀 때 검토하는 습관을 들였다. 중요한 시험뿐만 아니라 기출문제나 문제집을 풀 때도 채점 직전에 한 번씩 검토를 한 것이다. 이렇게 늘 검토를 하다 보면 내가 어느 부분에서 실수가 잦은지 파악할 수 있고, 무작정 모든 풀이 과정을 훑어보느라 시간을 허비하지 않게 된다. 또 검토가 문제 풀이의 자연스러운 한 과정으로 느껴지기 때문에 시험을 볼 때도 평소처럼 검토를 하게 된다.

시간이 없어서 검토를 '못' 하는 사람도 있을 것이다. 혹은 자신의 실력에 확실한 자신감이 있거나, 수학을 포기한 학생이라면 검토를 하지 않을 수도 있겠다. 하지만 아무리 수학 실력이 좋아도 사소한 계산 실수는 얼마든지 할 수 있다. 검토하는 습관으로 평소는 물론 실전에서도 실수를 최대한 줄여보자.

내가 수학 문제를 검토하면서 항상 거쳤던 단계는 다음과 같다.

처음에 풀었던 방법대로 풀면 대부분 처음의 풀이를 그대로 따라서 검토하게 된다. 하지만 이렇게 하면 풀이 방법에 실수가 있어도 파악하기 힘들다. 그래서 나는 미지수를 구하는 문제의 경우, 내가 구한 미지수 값을 문제 조건에 대입해보는 다른 방법을 쓴다.

예를 들어 $(x-2)(x-5)=4$라고 하면 인수분해를 통해 $x=1$, $x=6$이라는 답을 구할 수 있다. 하지만 이를 검토할 때는 다시 한 번 인수분해를 하기보다는 $x=1$과 $x=6$을 원래 식인 $(x-2)(x-5)=4$에 대입해본다.

그리고 계산식의 경우 한 번 더 계산해본다. 요령1에서 언급했듯이 간단한 계산식도 모두 적어둔다면 그 풀이를 한 번 훑어보기만 해도 괜찮다.

☆☆☆
수능 3교시 영어,
EBS 연계교재를 잡아라

모든 외국어가 그렇듯이 영어의 기본은 단어이다. 문맥으로 문단 내용을 파악하는 것은 어느 순간 한계가 있다. 단어를 외우지 않으면 절대 수능 영어를 제대로 공부할 수 없다. 수능이 몇 개월 남지 않은 상황이라면 지금 단어를 외우는 게 맞나 싶겠지만, 그게 맞다. 단어장 하나를 사서 2~3회독 정도 하면서 그 단어장 안에 있는 모든 단어가 내 것이 되게 하자.

중요한 건 의미가 여러 개인 단어는 최대한 그 의미를 모두 외워야 한다. 분명 의미를 아는 단어인데 문단에서 해석이 안 된다는 건, 내가 알지 못하는 단어의 또 다른 의미가 있다는 것이다. 예를 들어, inclination이라는 단어는 '경향'이라는 뜻을 가지고 있지만, 물리학 관련 지문에서는 '기울기'라고 해석해야 한다. 그때그때 문맥에 따라 단어의 뜻을 제대로 판단하려면 당연히 뜻을 모두 알고 있어야 한다.

수능에 나오는 영어 지문의 독해가 힘든 또 다른 이유는 문법 때문이다. 관계대명사절과 접속사절이 여러 개 이어진 긴 문장이 나오고, 때로는 도치 구문 때문에 직독직해를 하면 제대로 해석할 수 없는 경우도 많다. 이건 계속 연습이 필요하다. 필요하다면 학원이나 문제집, 인터넷 강의를 적극적으로 활용하기를 바란다. 주어, 동사, 목적어, 보어, 전치사구, 부사구 등 한 문장의 문장 성분을 모두 분석한 후 직독직해로 해석을 연습하는 것이 좋다.

EBS 연계교재 3권 각 3회독 하기

영어는 EBS 연계교재인 수능특강과 수능완성에서 체감 연계율이 가장 높은 과목이다. 연계교재에 나오는 지문 중 5~6지문 정도가 문제 유형만 바뀌어 그대로 수능 시험지에 등장한다. 이미 공부한 지문이 거의 변형 없이 5~6개나 시험에 나온다는 것은 정말 큰 메리트이다. 1~2분도 안 되어 그 문제를 풀고, 다른 까다로운 문제를 푸는 데 시간을 쓸 수 있기 때문이다. 따라서 나는 수능 과목 중 유일하게 영어는 기출문제를 중요하게 공부하지 않았고 EBS 연계교재 공부에 열중했다.

게다가 영어 EBS 연계교재는 《EBS 수능특강 영어영역 영어》, 《EBS 수능특강 영어영역 영어독해연습》, 《EBS 수능완성 영어영역 영어》 이렇게 3권이나 있다. 한 권당 못해도 100개 정도의 지문이 나오기 때문에 쉬운 유형을 제외하더라도 공부하는 데 꽤 부담이 된다. 시험에서 마주쳤을 때 바로 풀어낼 수 있을 정도가 되려면 한 지문당 적어도 서너 번은 풀어보고 분석해야 한다. 그래서 생각보다 시간이 정말 많이 걸린다. 양도 많을뿐더러 까다로운 지문이 꽤 있기 때문이다.

영어가 절대평가로 바뀐 이후 영어에 시간을 최대한 적게 쓰고 다른 과목을 공부하려는 학생들이 많다. 그런 학생들이 연계교재와 기출문제를 병행하려면 시간에 쫓길 수밖에 없다. 게다가 연계교재에 있는 지문의 난이도나 문제 특징이 모의고사나 수능에 나오는 문제 특징과 크게 다르지 않다.

그래서 나는 단어, 문법, 독해의 기초를 탄탄하게 세운 후, 본격적으로 수능 영어 공부를 시작할 때 3개년 분량의 기출문제를 딱 한 번 풀어보고 기출문제 분석을 끝냈다. 그 외의 시간에는 연계교재와 그해에 보았던 6월, 9월 모의고사를 계속 보는 데 집중했다.

영어 문제의 유형은 정해져 있다

수능 영어 과목은 아주 정형화되어 있다. 18번에는 편지글이나 발표

문 같은 지문이 나오고, 19번에서는 필자의 감정을 나타내는 단어를 찾아야 한다. 25번이나 26번은 도표 문제이고, 31~34번은 악명 높은 빈칸 문제이다. 대부분의 모의고사와 수능은 이 틀에서 절대 벗어나지 않는다. 그래서 더욱 대비하기도 편하다. 어떤 유형을 어떻게 공부해야 하는지, 고난이도 유형 위주로 짧게 그 요령을 알아보자.

유형1_ 어법 문제

동사/준동사(동명사, to부정사, 분사 등), 관계대명사/관계부사/접속사 구분, 수 일치. 크게 이 세 가지 문법 요소를 정말 많이 물어본다. 모의고사에 나오는 어법 구분 문제를 모아서 풀어보면 느낄 수 있을 것이다. 위 세 가지처럼 자주 출제되는 어법 요소에 대한 공부를 꾸준히 해놓도록 한다.

유형2_ 빈칸 문제

빈칸이 포함된 문장을 먼저 읽고, 빈칸에 무엇이 들어가야 하는지 짐작해본다. 이렇게 하면 이번 문제의 지문을 읽는 '목적'을 미리 파악해볼 수 있다. 선지는 마지막까지 절대 읽으면 안 된다. 빈칸 문장을 읽은 후에는 처음부터 지문을 차근차근 해석한다.

지문 내용에 우리가 찾는 답이 있다면, 빈칸에 직접 그 내용을 적어본다. 선지에서 찾으려 하지 말고 자신의 글로 직접 한 번 써보는 것이다. 지문에 있는 단어를 활용해도 되고, 영어로 쓰기 어렵다면 한국어로 간단하게 써도 된다. 꼭 문장으로 쓸 필요 없이 단어 몇 개만 나열해놓아도 좋다. 그런 다음 내가 쓴 내용과 일치하는 선지 내용을 찾는다.

---

32. A human system of regulating flow is almost always more responsive than a mechanical one. Have you ever had to wait in a car at a red light when there was a lot of traffic on your street and none on the cross street? A policeman would immediately see the situation and adjust the directional flow to meet the momentary need. The same applies to rigid rules in a meeting. It is hard to get a constructive dialogue going when the participants are only allowed to speak in a fixed order. A human system — a sensitive moderator — could adjust to the moment-by-moment needs of the individuals in the group without letting anyone dominate the meeting for long. Clearly, every meeting of more than four or five people needs a leader who will _____. [3점]

① sacrifice his or her own needs
② serve as a source of information
③ keep a balanced conversational flow
④ stick to the fixed rules of the group
⑤ appreciate the hard work of the members

2015학년도 고2 3월 모의고사 영어 문제

이 지문을 예로 들어보자. 빈칸이 있는 문장을 먼저 읽어보면, 빈칸에는 '리더의 자질'이 들어가야 한다는 것을 쉽게 판단할 수 있다. 이걸 기억하면서 본격적으로 지문을 읽는다. 지문을 읽은 후 나라면 빈칸에 'adjust, 균형'이라고 적었을 것이다. 한 단체에서 흐름을 조절(adjust)해주는 사람이 있어야 하고, 그 사람은 어느 한 사람이 만남을 일방적으로 주도하는 것을 막는 역할(균형)을 하기 때문이다. 따라서 이를 바탕으로 찾아낼 수 있는 답은 3번이다.

유형3_무관한 문장 찾기 문제

학생들이 가장 많이 '감'으로 푸는 문제 유형이다. 지문을 읽고 어색한 문장을 고르면 되지만 이게 안 통하는 경우가 있다.

'전체 흐름과 관계없는 문장'을 찾는 문제의 답은 크게 두 가지 경우로 나눌 수 있다. 첫째는 전체적인 문단 내용과 전혀 관련이 없는 엉뚱한 내용의 문장이고, 둘째는 문단의 주제와 관련은 있지만 반대되는 내용을 담고 있는 문장이다. 전자는 앞서 언급한 '감'으로 충분히 풀 수 있지만, 후자는 구분이 잘 안 될 때가 많다. 지문을 다 읽고 나면 틀린 것이 없는 것 같아 당혹스러울 수도 있다.

따라서 지문에 자기만의 표시를 해두는 것이 좋다. 우선 나는 어떠한 문장의 내용이 장점, 효과처럼 긍정적인 내용이면 (+), 단점, 한계처럼 부정적인 내용이면 (−)라고 써두었다. 또 해당 지문이 두 가지 대상을 다루는 내용이면 하나는 A, 다른 하나는 B로 지칭하여 모든 문장을 A나 B 중 하나로 분류해보았다.

만약 내가 표기한 부호가 (+) (+) (+) (+) (−) (+) 순서라면, 5번째 문장이 전체 내용과 무관할 가능성이 높다. 지문이 전체적으로는 긍정적인 측면에 대해 다루지만 5번째 문장은 부정적인 내용을 담고 있기 때문이다. 또 지문에서 A, B 두 가지 대상을 다루는데 A A A B B A 순서로 내용이 진행된다면 A가 무관한 문장일 가능성이 높다. A에 대한 설명은 세 번째 문장에서 끝났는데, B의 설명 뒤에 A가 다시 설명되어 있는 것은 어색하기 때문이다.

The body has an effective system of natural defence against parasites, called the immune system. The immune system is so complicated that it would take a whole book to explain it. ① Briefly, when it senses a dangerous parasite, the body is mobilized to produce special cells, which are carried by the blood into battle like a kind of army. ② Usually the immune system wins, and the person recovers. ③ After that, the immune system remembers the molecular equipment that it developed for that particular battle, and any following infection by the same kind of parasite is beaten off so quickly that we don't notice it. ④ As a result, the weakened immune system leads to infection, and the infection causes damage to the immune system, which further weakens resistance. ⑤ That is why, once you have had a disease like the measles or chicken pox, you're unlikely to get it again.

* parasite: 기생충, 균 ** molecular: 분자의

2018학년도 고2 6월 모의고사 영어 문제

무관한 문장 찾기 문제의 예. 면역 체계의 작동에 대한 내용을 담고 있는 지문이다. 선지 ① ② ③ ⑤번은 면역 체계의 순기능, 긍정적인 측면을 서술하고 있지만 ④번은 뜬금없이 면역 체계의 붕괴를 설명하고 있으므로 맥락상 ④번 문장이 전체 흐름에서 벗어난다.

유형4_ 순서, 삽입 문제

지시사에 주목한다. that, these, it, this 등 지시사가 무엇을 가리키는지 문단 내에서 찾는 것이 중요하다. 또 관사 the에도 주목해야 한다. the는 어떤 대상이 이미 한 번 언급되었을 때 붙이는 것이기 때문이다. 순서 문제의 경우 지시사를 통해 다음에 올 부분을 찾을 수 있고, 삽입 문제의 경우 주어진 문장에 있는 지시사 혹은 문단 자체에 있는 지시사를 활용할 수 있다.

영어 문제 풀이 요령

듣기평가 시간 활용법

영어 과목 70분 시험 중 20분 정도가 듣기평가에 배정되어 있다. 솔직히 듣기평가는 읽기 부분에 비하면 난이도가 현저히 낮다. 지문형 문제를 잘 풀 수 있는 수준이라면 듣기평가는 큰 어려움이 없이 해결된다. 졸거나 딴생각을 하다가 듣는 걸 놓치지만 않는다면 말이다.

그래서 나는 고등학교 2학년 때부터 모의고사 때 듣기평가 시간에 독해 문제 몇 개를 미리 푸는 연습을 했다. 듣기 문제 사이의 간격을 활용해서 빠르게 지문을 읽고 푸는 것이다.

하지만 이런 방법은 여러 번 연습을 해보고 나에게 맞지 않으면 바로 그만두는 것이 좋다. 괜히 몇 문제 더 빨리 풀어보려다가 듣기평가에서 어이없게 문제를 틀릴 수도 있다.

특히 듣기평가 9번쯤에 나오는 계산 문제에서는 절대로 읽기 지문으로 넘어가서는 안 된다. 생각보다 이 계산 문제를 부주의로 틀리는 학생이 정말 많다.

들기평가 문제 사이의 간격은 생각보다 짧다. 지문 두세 줄 읽기도 빠듯한 시간이므로, 글의 전체적인 흐름이 중요한 난이도 있는 지문을 이 시간에 읽는 것은 적절하지 않다. 들기평가 문제 사이의 짧은 시간을 이용하기에는 '끊어 읽어도 괜찮은 지문'이 있는 문제가 좋다. 내가 추천하는 부분은 일치/불일치 문제 3~4개와 43~45번 장문 문제이다.

일치/불일치 문제는 지문에 대한 깊은 독해력을 요구하지 않는다. 지문의 한국어 해석이 그대로 선지에 나와 있기 때문에 들기평가를 들으면서 풀기 좋다. 그리고 43~45번 문제는 지문이 길고 맨 뒤에 배치되어 있지만 난이도가 상대적으로 낮다. 대부분 어떤 일화를 담은 가벼운 지문이기 때문에 들기평가를 하면서도 훑듯이 읽을 수 있다. 나는 2년 정도 이런 식의 문제 풀이를 연습했고, 어떤 때는 앞서 언급한 7~8번 문제 외에 다른 문제를 풀기도 했다.

다시 한 번 강조하지만, 들기평가에 지장이 갈 정도로 독해 문제를 미리 푸는 건 절대 좋은 방법이 아니다. 들기평가 한 문제의 배점은 독해 한 문제의 배점과 같다. 시간을 아끼려다가 들기평가 문제를 놓치는 일이 없도록, 이 방법을 충분히 연습해서 나에게 맞는지 잘 파악한 후 활용하기 바란다.

☆☆☆

수능 4교시 사회탐구,
개념을 잡아라

한국지리와 사회문화 외에 다른 탐구 과목을 제대로 공부해본 적은 없지만, 사회탐구를 공부하는 방법은 결국 일맥상통한다. 이 책을 읽는 학생들 중에는 한국지리와 사회문화를 수능에서 보지 않는 학생들도 많을 것이므로, 여기에서는 사회탐구 과목의 전반적인 학습 방법을 간단하게 논해보려고 한다. 딱 한 가지만 알면 된다.

사회탐구 문제를 어렵게 내는 세 가지 방법

사회탐구 과목은 소위 말하는 '고인물'이 정말 많은 과목이다. 문제 수도 20개로 적고 국어나 수학보다는 공부하는 데 필요한 시간도 상대적으로 적지만, 그만큼 잘하는 학생이 많아서 문제다. 사회탐구 문제 난이도는 해가 갈수록 상향 평준화되고 있다. 쉽게 내면 표준점수가 지나치게 낮아지기 때문에 어렵게 내서 표준점수를 올리고 등급을 나누려는 것이다.

2019년에는 윤리와 사상이 상대적으로 쉽게 나와서 50점 만점을 받은 수험생들이 전체의 14.88퍼센트로 2등급이 증발하기도 했다. 그런데도 학생들은 난이도가 높아지면 그만큼 어려운 신유형을 풀고 모의고사로 연습하면서 자신의 수준 또한 함께 높인다.

내가 봤던 한국지리와 사회문화도 '고인물'이 많기로 유명하다. 한국지리는 암기량이 많은 과목인데도 1등급 컷이 50점이었고, 사회문화는 도표 문제 때문에 1등급 컷이 47점이었지만 난이도에 비해서는 점수 컷이 높은 편이었다. 여담이지만, 한국지리는 한 세 문제 틀리고 4등급 받는 줄 알았다.

진짜 열심히 공부했다고 자부했는데도 너무 헷갈리는 문제가 많았다. 수능이 끝나고 부모님과 함께 차를 타고 집으로 갈 때 가채점을 하려고 사이트에 답을 입력하다가 사회탐구를 너무 못 봤다는 생각에 한숨이 절로 나왔다.

사회탐구 문제를 어렵게 내는 데는 세 가지 방법이 있다.

첫 번째, 학생들이 한 번도 못 봤을 법한 어려운 신유형을 내는 것.

두 번째, 쉬운 개념을 활용해 복잡한 문제를 내는 것.

세 번째, 그동안 중요하게 다뤄지지 않았던 개념에 대한 문제를 출제하는 것.

첫 번째 방법의 경우는 한국지리처럼 통계가 매년 바뀌고 사회 변화에 따라 배우는 내용이 변경되는 과목에 해당한다. 두 번째와 세 번째 방법의 경우는 사회문화, 생활과 윤리처럼 배우는 개념은 고정되어 있고 이미 낼 만한 신유형은 다 내어 시험이 심하게 정형화된 과목에 해당한다.

두 번째 유형의 문제는 오른쪽에 나오는 2020학년도 수능 사회문화 10번 문제와 같다. '일탈 이론'은 사회문화 시험에 항상 출제되는 제재 중 하나로, 학생들이 너무 잘 알고 있다. 그래서 평가원은 문제를 까다롭고 복잡하게 내기 시작했다.

우선 문제의 길이가 엄청나서 학생들의 기선을 제압한다. 'A와 구분되는 B의 특징', 'B와 구분되는 C의 특징', 'C와 구분되는 A의 특징'처럼 자칫하면 헷갈려서 틀릴 수 있는 서술이 있고, 8개가량 개념의 진위를 모두 파악하여 문제를 풀어야 한다.

그만큼 문제 푸는 데 시간이 오래 걸릴뿐더러 그렇게 시간을 들이고도 한 번이라도 실수한다면 틀릴 수도 있다. 개념을 정확하게 아는 것은 물론이고, 문제를 침착하고 꼼꼼하게 보지 않으면 절대 맞힐 수 없다.

10. 다음은 일탈 이론 A∼C에 대한 수행 평가 및 교사의 채점 결과이다. 이에 대한 옳은 설명만을 <보기>에서 있는 대로 고른 것은? (단, A∼C는 각각 낙인 이론, 머튼의 아노미 이론, 차별 교제 이론 중 하나이다.) [3점]

<수행 평가 과제>

학생	과제 내용
갑	A와 구분되는 B의 특징 3가지 서술하기
을	B와 구분되는 C의 특징 3가지 서술하기
병	C와 구분되는 A의 특징 3가지 서술하기

<각 학생의 서술 및 교사의 채점 결과>

학생	서술 내용	점수
갑	1. 차별적인 제재가 일탈 행동의 원인이라고 본다. 2. 일탈 행동이 발생하는 과정에서 나타나는 상호 작용에 주목한다. 3. 일탈자로 규정하는 것에 대한 신중한 접근이 필요하다고 본다.	2점
을	1. 사회 규범의 통제력 회복을 일탈 행동의 근본적인 해결 방안으로 본다. 2. 일탈 행동의 원인을 부정적 자아 정체성 형성에서 찾는다. 3. 일탈 행동을 규정하는 객관적 기준이 존재한다고 본다.	㉠
병	1. 정상적인 사회 집단과의 교류가 일탈 행동을 억제한다고 본다. 2. 일탈 행동에 대한 사회적 반응이 지속적인 일탈 행동의 원인이라고 본다. 3. _____(가)_____	1점

＊교사는 각 서술별로 채점하고, 서술 하나가 맞을 때마다 1점씩 부여함.

──────────────< 보 기 >──────────────

ㄱ. ㉠은 2점이다.
ㄴ. (가)에는 '일탈 행동은 비행 집단과의 접촉을 통해 학습된다고 본다.'가 들어갈 수 있다.
ㄷ. B는 최초의 일탈 행동보다 반복적 일탈 행동에 초점을 맞춘다.
ㄹ. C는 일탈 행동 예방 방안으로 소외 계층에 대한 교육 지원, 직업 훈련 프로그램 제공을 지지할 것이다.

① ㄱ, ㄴ ② ㄱ, ㄹ ③ ㄷ, ㄹ
④ ㄱ, ㄴ, ㄷ ⑤ ㄴ, ㄷ, ㄹ

2020학년도 수능 사회문화 10번 문제

세 번째 유형의 문제는 아래와 같다. 2020학년도 수능 사회문화 7번 문제이다. 꾸준히 출제되던 '사회 집단' 주제 관련 문제여서 크게 특별한 게 없어 보인다. 주목해야 할 건 (ㄴ) 선지이다. 그동안 사회 집단·조직의 종류와 각각의 특징에 대한 문제는 많이 나왔으나, '사회 조직' 자체의 정의를 묻는 문제는 거의 없었다. 너무 당연하다고 생각하고 넘어가는 개념을 평가원에서 다시 한 번 짚어준 것이다. 수능 날 이 문제를 처음 보았을 때에도 신박하다고 생각했다.

---

7. 밑줄 친 ㉠~㉠에 대한 옳은 설명만을 <보기>에서 있는 대로 고른 것은? [3점]

> ★★영화제에서 ㉠가족 회비극 '○○○'이 최우수 작품상을 수상했다. 이 영화는 ㉡빈곤층에 속한 한 가족의 이야기를 웃기면서도 슬프게 다뤄 ㉢평론가 협회로부터 호평을 받았다. 감독 갑은 시사회장에서 주연 및 조연 배우뿐 아니라 ㉣보조 출연자들 그리고 ㉤관객들에게 감사의 마음을 전했다. 특히 이 작품은 표준 근로 계약을 준수하며 제작되어 화제가 되었는데, 방송 작가 ㉥노동조합은 이 소식을 전하며 환영의 뜻을 밝혔다. 수상 직후 갑에게는 다수의 ㉦대학 연극영화학과 및 영화 동호회 등에서 강연 요청이 쇄도하고 있다.

> ─────── <보 기> ───────
> ㄱ. ㉡은 ㉠과 달리 2차 집단이다.
> ㄴ. ㉢은 ㉣과 달리 사회 조직이다.
> ㄷ. ㉤, ㉥은 모두 관심사나 목표를 공유하는 자발적 결사체이다.
> ㄹ. ㉥, ㉦은 모두 공식 조직이다.

> ① ㄱ, ㄷ   ② ㄴ, ㄷ   ③ ㄴ, ㄹ
> ④ ㄱ, ㄴ, ㄹ   ⑤ ㄱ, ㄷ, ㄹ

2020학년도 수능 사회문화 7번 문제

개념 때문에 삐끗하면 억울하니까

사회탐구 과목에도 소위 '킬러 문제'가 있다. 가장 유명한 건 역시 계층 도표 문제일 것이다. 하지만 최근 평가원은 수학 과목과 마찬가지로 사회탐구 과목에서도 킬러 문제 외에 일반 문제의 난이도를 올려서 출제하고 있다.

원래는 상대적으로 쉬운 일반 문제를 빠르게 풀고 킬러 문제에 나머지 시간을 투자하는 방식이 일반적인 사회탐구 풀이법이었지만, 이제는 일반 문제까지 까다롭게 출제되고 있어 그렇게 하지 못하게 되었다.

앞서 살펴본 '사회탐구 문제를 어렵게 내는 세 가지 방법' 중 두 번째, 세 번째 유형이 바로 까다로워진 일반 문제들의 예다. 그런데 이 일반 문제들은 주로 개념을 묻는다. 이미 평가원은 6월, 9월 모의고사에서 꾸준히 개념의 중요성을 강조했다. 그럼에도 불구하고 수험생들이 비슷한 유형의 문제를 수능에서 틀리는 것은, 개념 문제를 틀린 것을 단순한 실수로만 판단하는 안일함 때문이다.

개념 문제를 틀리고 답지를 보면 자신이 이미 다 아는 내용이기 때문에 이걸 틀린 건 실수라고 생각하고 대수롭지 않게 넘겨버린다. 내가 6월 모의고사에서 그랬다. 사회문화 과목에서 도표 문제 하나와 일반 개념 문제 하나를 틀려서 44점 등급 컷에 맞춰서 간신히 1등급을 받았다. 처음에는 개념 문제를 어이없이 틀렸다는 데 충격을 받았지만, 금세 잊어버렸다. 개념이야 이미 알고 있으니 도표 문제나 열심히 공부해야겠다고 생각한 것이다.

그랬더니 여름방학 이후로 상황이 완전히 바뀌었다. 방학 동안 계산이 필요한 도표 문제를 정말 많이 풀어서 이제 웬만한 킬러 문제는 다 풀 수 있었다. 그런데 킬러 문제를 해결하고 나니 정작 틀리지 않던 개념에서 자꾸 실수가 나오기 시작했다. 한두 번만 그랬으면 그냥 넘어갔겠지만 계속 개념에서 틀리니 위기감이 느껴졌다.

사회탐구 과목에서 개념을 제대로 복습하지 않으면 2~3등급 내려가는 건 순식간이다. 아무리 킬러 문제가 중요해도, 적당히 어려운 일반 문제와 킬러 문제의 배점은 똑같다. 킬러 문제를 맞고 일반 문제를 틀린다면 결국 얻을 수 있는 게 없다.

따라서 사회탐구 과목은 기출문제를 3~4회독 한 다음 수능이 다가오면 일주일에 하나 정도 사설 모의고사를 풀어보자. 그리고 개념을 무조건 일주일에 3시간 이상 복습하는 것이 좋다. 그 방법은 앞서 설명한 '한 페이지 공부법'이 가장 효과적이다.

OMR 체크와 가채점 요령

요령1. OMR 마킹 시간 줄이는 법

OMR 카드 표시가 제대로 인식되려면 숫자가 쓰여 있는 동그라미를 꽉 채워서 마킹해야 한다. 점 하나만 찍거나 선 하나만 그으면 인식이 안 될 수 있기 때문이다. 그래서 시간이 없어도 컴퓨터 사인펜으로 동그라미를 꽉 채워서 여러 번 덧칠해야 한다. 이런 번거로움을 막고 선을 한 번만 그어도 동그라미를 꽉 채울 수 있다면 시간을 그만큼 줄일 수 있지 않을까?

시험을 치르다 보면 시간이 부족해서 OMR 카드 쓰는 시간조차 아깝게 느껴지곤 한다. 그래서 나와 친구들은 OMR 카드를 조금이라도 빨리 쓸 방법을 고민하다가, 컴퓨터 사인펜을 오래 사용해서 펜촉이 뭉개지면 선을 한 번만 그어도 동그라미가 꽉 찬다는 걸 알게 되었다. 그 뒤로 나는 모의고사를 볼 때 항상 컴퓨터 사인펜을 2개씩 준비했다. 하나는 OMR 체크를 한 번에 할 수 있도록 펜 끝을 뭉개서, 다른 하나는 혹시 모르니 새것 그대로 챙기는 것이다.

자잘한 팁이라서 아주 적은 시간만 줄일 수 있지만, 수능 시험에서는 그 1초 때문에 답을 제대로 못 체크할 수도 있지 않은가. 평소 연습해보고 자신에게 잘 맞고, 도움이 된다고 생각된다면 실전에서 시도해봐도 좋겠다. 다들 알고 있겠지만 수능 날에는 감독관 선생님들이 새 컴퓨터 사인펜을 나눠주신다. 여분으로 얼마든지 받을 수 있기 때문에 나는 컴퓨터 사인펜 2개를 받아 하나는 펜 끝을 뭉개어 마킹하기 편하게 만들어 사용했고 그만큼 시간을 줄일 수 있었다.

요령2. 가채점표 쓰는 연습하기

가채점을 해야 하는 이유

가채점을 하지 않으면 기억을 더듬어서 내가 고른 답을 떠올려야 한다. 설사 그 답안으로 채점을 한다고 해도 그 불안한 기억에 내 대학교 입시의 운명을 맡겨야 한다는 게 정말 조마조마하다.

수능 성적표는 수능을 본 후 한 달 정도 기다려야 나온다. 그마저도 정확한 점수는 표시되지 않고 등급과 백분위만 적혀 있는 성적표를 받게 된다. 내 수능 성적을 모르는 채로 한 달을 불안하게 기다리는 건 쉽지 않은 일이다.

게다가 보통 수능 이후 1~2주간 수시 전형 면접을 보는데, 수능 성적을 확실히 모르면 이 면접을 봐야 할 수도 있다. 그러면 수능 성적이 예상 밖에 잘 나오더라도 정시에 지원하지 못하고 수시 납치를 당할 위험이 있다.

가채점을 하면 내 점수를 어느 정도는 가늠할 수 있기 때문에 이런 도박을 하지 않아도 된다. 보통 가채점은 수험표 뒤쪽에 종이 스티커를 붙이고, 내가 고른 선지의 번호나 서술형 답만 쭉 적는 방식으로 한다. 모의고사 때는 시험지를 내가 가질 수 있지만, 실제 수능 시험 때는 혹시 모를 부정행위를 막기 위해 모든 시험지를 걷어 간다.

나의 수능 가채점표

가채점하는 데 시간이 조금 걸리기는 한다. 시험지 전체의 답을 정확하게 다른 종이로 옮겨 적어야 하기 때문에 그 시간에 차라리 문제 한 번 더 보고 검토 한 번 더 하는 게 효율적이라고 생각하는 사람들도 있다. 물론 그 의견도 충분히 존중한다.

어떤 사람은 '나는 수능 답 다 기억할 수 있어'라고 생각해 가채점을 안 하기도 하는데, 생각보다 수능 문제 수가 정말 많고, 만약 헷갈리는 문제였다면 내가 어느 선지를 골랐는지 기억나지 않을 수도 있다. 아니, 기억나지 않는다.

나는 실전 수능에서도 대부분의 과목에서 가채점을 했다. 하지만 수학 서술형 부분을 제대로 가채점표에 적지 못했다. 검토까지 모두 끝내자 진이 빠져서 가채점표 적는 걸 깜빡한 채 넋을 놓고 있었기 때문이다. 시험이 끝나기 2분 전에야 이 사실을 깨닫고 부랴부랴 객관식부터 답을 옮겨 적었지만, 서술형 답안은 못 적고 OMR 카드를 제출해야 했다.

그래서 가채점표를 적지 못한 부분은 수능이 끝난 후 시험지 파일을 다시 보면서 기억에 의존해서 채점했다. 그랬더니 만점이 나왔던 것인데, 가채점표를 적지 않은 부분 때문에 만점을 확신할 순 없었다. 그래서 수능 성적표가 나오는 12월 초까지 매일매일을 긴장한 상태로 지내야 했다.

국어		수학		영어		탐구1( )		탐구2( )		수능시간표
1-5	43152	1-5	24352	1-5	12133	1-5	42152	1-5	11551	국어 08:40 - 10:00 (80분)
6-10	24341	6-10	43113	6-10	44523	6-10	42311	6-10	31513	수학 10:30 - 12:10 (100분)
11-15	52431	11-15	41534	11-15	44225	11-15	54354	11-15	45253	영어 13:10 - 14:20 (70분)
16-20	22452	16-20	41512	16-20	13511	16-20	53213	16-20	24432	한국사 14:50 - 15:20 (30분)
21-25	25131	21	4?	26	14	21-25	51524	한국사		탐구1 15:30 - 16:00 (30분)
26-30	51311	22	63	27	27	26-30	53444	1-5	13223	탐구2 16:02 - 16:32 (30분)
31-35	55343	23	36	28	9	31-35	41123	6-10	22334	제2외 17:00 - 17:40 (40분)
36-40	31345	24	16	29	285	36-40	52435	11-15	52124	
41-45	53424	25	9	30	51	41-45	54323	16-20	54154	

34255
26423

수능장에서 사용한 나의 가채점표

가채점의 정확도를 높이는 팁

- 시험지를 보고 가채점할지, OMR 카드를 보고 가채점할지 결정하기

시험지를 보고 가채점을 하면 일일이 페이지를 넘겨가면서 답을

체크해야 하는 단점이 있지만, 잘못 옮겨 적을 가능성은 상대적으로 줄어든다. 문제 번호와 선지를 직접 보고 매칭시키면서 가채점표에 답안을 옮길 수 있기 때문이다.

OMR 카드를 보고 가채점을 하면 OMR 카드 하나만 보고 답안을 옮기면 되므로 시간은 덜 걸리지만, OMR 카드의 1 2 3 4 5 선지 번호들이 서로 가까이 붙어 있어서 조금만 삐끗하면 번호를 잘못 옮겨 적을 수도 있다.

어쨌든 '가채점'이고, 답을 일일이 손으로 옮겨 적기 때문에 어떤 방법을 쓰든 잘못 쓸 수는 있다. 여러 번 연습해보면서 두 방법 중 내가 실수할 가능성이 조금이라도 적은 것을 찾아보자.

• 모의고사 때 남는 OMR 카드를 챙겨두었다가 연습하기

단순히 번호를 옮겨 적는 것뿐이지만 가채점에는 1~2분 정도의 시간이 걸린다. 이걸 수능 당일에 처음 하려고 하면 정신도 없고 긴장한 탓에 시간이 더 걸릴 수도 있다. 그러는 사이 귀한 시험 시간을 낭비하게 될지도 모른다.

따라서 사설 모의고사를 풀 때 가채점 연습을 미리 해두는 것이 좋다. 교육청이나 평가원 모의고사 보는 날 남는 OMR 카드를 넉넉하게 챙겨두고, OMR 카드 체크와 가채점표 쓰는 법을 모두 연습해본다. 채점도 시험지에 동그라미를 치면서 하기보다는 가채점표를 보고 채점하는 습관을 만드는 것이 좋다.

공부 시너지를 높이는
멘탈 관리법

Chapter 6

마음을 잡아야
공부가 잡힌다

☆☆☆
슬럼프에서 잘 빠져나오는 방법

수험생활을 하는 동안 한 번쯤은 슬럼프를 겪게 된다. 수능 당일의 컨디션에 따라 1년의 노력이 수포로 돌아갈 수도 있다는 불안감, 공부를 한다고 했는데도 성적이 잘 나오지 않아서 생기는 허무함 등 이유는 다양하다.

처음의 열정과 자신감은 생각보다 오래가지 않는다. 수능이 다가오면 다가올수록 의욕도 사라지고, 빨리 수능이 끝났으면 좋겠다는 생각과 동시에 수능이 영원히 오지 않았으면 하는 생각도 든다. 친구들이 슬럼프에 빠져 힘들어하는 모습을 자주 보았고, 그때마다 너무 안타까웠던 기억이 있다. 그래서 슬럼프를 극복하는 과정에 대해 짧게나마 이야기해보려고 한다.

나는 사실 슬럼프가 없었다. 수능을 본 해인 2019년 1년 동안 울거나 우울해했던 기억보다 웃고 즐거워했던 기억이 더 많다. 하지만 '공부가 제일 쉬웠어요'나 '공부가 재미있었어요'같이 '만점자다운', '공부 잘하는 애다운' 이유 때문은 아니었다. 그저 부정적인 생각을 하지 않으려고 노력했다.

학교에서 맛있는 급식이 나오면 그것에 감사하면서 식사를 했고, 오늘 문제가 잘 풀린다 싶으면 실력이 는 나 자신을 마음속으로 몇 번이고 칭찬했다. 집중이 안 되더라도 오늘은 날이 아닌가 보다 하고 생각하고 크게 마음에 두지 않았으며, 자기 전에는 오늘 하루 동안 잘했던 일을 곱씹으며 긍정적인 마음으로 잠들려고 노력했다.

사실 슬럼프가 왔는데 몰랐거나, 별로 신경 쓰지 않고 지나친 것일 수도 있다. 즉 나처럼 슬럼프가 오더라도 대수롭지 않게 넘기는 게 중요하다고 생각한다.

공부하면서 스트레스를 받지 않을 수는 없다. 공부가 재미있다는 사람들도 있지만, 대부분 공부를 함으로써 얻는 성취감이나 노트 정리를 깔끔하게 했을 때 오는 뿌듯함에서 즐거움을 얻는 것일 뿐 학문적인 재미를 느끼는 학생은 정말 극소수일 것이다. 특히 수능을 준비하는 수험생이라면 더더욱 그렇다.

스트레스를 받아서 집중력이 떨어졌다면 어쩔 수 없는 일이라고 받아들이자. 집중이 안 된다는 그 사실에 더 스트레스를 받는다면 악순환만 계속될 뿐이다.

공부 계획 세우듯 놀 계획을 세워라

본인이 스트레스를 잘 받는 편이고, 그 스트레스가 공부에 악영향을 미친다는 사실을 자각했다면 이제 풀 방법을 찾아보자.

나는 유튜브, 아이돌, 영화, 노래, 게임 등 좋아하는 것이 정말 많았고, 내가 이 '덕질'을 모두 멈추고 공부만 한다면 오히려 더 스트레스를 받을 것 같았다. 그래서 수능 공부를 하면서도 '덕질'을 끊지 않았다. 예전과 다른 점이 있다면 공부 계획을 세우듯 놀 계획을 세웠다는 것이다.

우선 내가 통제할 수 있는 것과 통제할 수 없는 것을 나누어보자. 난 다른 것은 몰라도 한번 게임을 시작하면 공부하면서도 계속 그 생각이 나서 끊기 힘들 것 같았다. 그래서 고등학교 3학년 1년 동안은 게임을 하지 않았다. 또 저녁 시간과 간식 시간에 20분 정도로 유튜브 영상을 보는 시간으로 정해놓고 학교 친구와 함께 지켰다. 야간자율학습을 끝내고 기숙사 방에 와서는 자기 전에 20분 정도 좋아하는 영화 클립을 보았고, 너무 힘든 주말에는 아예 영화 한 편을 보았다.

이쯤 되면 내가 절대 공부만 한 사람이 아니라는 것을 알 수 있을 것이다. 하지만 결코 여유롭게 공부한 건 아니다. 단지 나는 스트레스가 생기면 하루 안에 해소할 수 있도록 구멍을 만들어놓았고, 덕분에 그 외의 시간은 오롯이 공부에만 집중할 수 있었다. 놀 계획을 짜놓으면 그 시간이 오기 전까지 더 열심히 공부해야겠다는 동기 부여도 확실하게 된다.

단, 노는 것을 합리화해서는 절대 안 된다. 계획적으로 노는 것의 시작은 정확한 자기 성찰이다. 자기가 무엇을 어느 정도 하면서 놀아야 스트레스가 풀리는지 확실히 알고 딱 그만큼만 놀도록 자신을 허용해야 한다. 공부를 준비한다는 명목하에 노는 계획을 몇 시간씩 세워놓는다면, 그 결과는 나도 그 누구도 책임질 수 없다.

꿈이 없어도 공부해야 할 이유는 있다

학생들이 공부하기 싫다는 이유 중 하나는 '꿈이 없어서'이다. 명확한 꿈이 있다면 그걸 이루기 위해 관심 분야의 지식도 찾아보고, 원하는 대학에 가기 위해 수능 공부도 열심히 할 동기가 생긴다. 하지만 당장 이루고 싶은 꿈이 없다면 공부할 이유가 딱히 없어 보인다. 공부만이 내 길은 아니라는 생각이 들고, '일단 대학을 가라'는 어른들의 말이 위선으로 느껴져서 공부가 더 하기 싫어진다.

나도 꿈이 없었다. 내가 꿈이 없는 모든 학생을 대변할 수 있는 건 아니지만, 적어도 수능에서 전국 1등을 한 사람도 꿈이 없다는 건 주목할 만하다고 생각한다. 관심을 가졌던 직업은 여러 개 있었지만, 정말 실현하고 싶은 비전이나 되고 싶은 인간상은 20년을 살면서 지금까지도 정하지 못했다. 내가 뭘 잘하는지도 모르겠고, 내가 뭘 할 때 즐거움을 느끼는지도 모르겠다. 하지만 '꿈이 없다'는 사실은 공부를 하지 말아야 할 핑계로는 턱없이 부족하다.

나도 꿈이 없는데 왜 공부를 해야 하냐며 부모님과 갈등했던 적이 많다. 고등학교에 입학하고 이 문제로 한 번 더 엄마와 말싸움을 했었는데, 그때 엄마가 해준 말이 아직도 기억난다.

"네가 지금 꿈이 없더라도, 나중에 진짜 이루고 싶은 꿈이 생겼을 때 네 대학교 때문에 그 꿈을 이루지 못한다면 너무 슬프지 않겠어?"

공부는 미래에 대비하는 것이다. 그 미래는 명확한 꿈일 수도 있고 가능성을 열어두는 것일 수도 있다. 나는 후자를 위해 공부했다. 물론 대학교에 가지 않고도 성공하는 사람이 많이 있지만, 나에게는 해당하지 않는 이야기라고 생각했다. 나는 특별히 창의력이 풍부하거나 번뜩이는 아이디어가 많은 편이 아니기 때문이다.

물론 대학교가 안정적인 미래를 완벽하게 보장해주는 건 아니지만, 여러 가지를 시도할 수 있는 발판 역할 정도는 해줄 수 있다. 목표가 없어서 공부에 동기가 생기지 않는 학생이 있다면 이 점을 꼭 기억하기 바란다.

성인이 되어서도 자기가 하고 싶은 일이 뭔지 모르고 살아가는 사람들이 많다고 한다. 꿈이 없어서 공부하기 싫다고 생각하지 말고, 미래의 나를 위해서 준비한다고 생각하자.

결국 슬럼프는 마음먹기에 달렸다. 지금 슬럼프를 겪고 있는 수험생들의 의지 부족을 탓하려는 것이 아니다. 최대한 긍정적으로 생각하고, 어떻게든 공부를 해야 하는 이유를 찾아내 자신에게 몇 번이고 말해보자. 슬럼프에 빠지더라도 어떻게 빠져나오느냐에 따라서 슬럼프 이후 공부의 방향성이 잡힌다.

우울한 기분에 사로잡혀 공부를 놓게 되면 그동안의 노력은 수포로 돌아갈 것이다. 하지만 자신이 무엇 때문에 우울해졌는지 알아보고 그 문제를 해결할 방법을 찾는다면 원래의 공부 페이스를 곧 되찾을 수 있다. 어쩌면 이전보다 열심히 공부하게 될 수도 있다. 부정적인 감정에 매몰되어 공부를 망치지 말고, 긍정적인 마음으로 공부하려고 노력하자.

불안감은
열심히 하고 있다는 증거다

모든 수험생들은 크고 작은 불안감에 시달린다. 수학을 공부하다 보면 국어를 더 공부해야 할 것 같아 불안하고, 국어 문법을 공부하다 보면 비문학 부분을 더 공부해야 할 것 같아 불안하다. 무심코 들어간 유튜브에서 몇 시간을 보내고 나면 오늘 해야 할 공부를 다 하지 못했다는 불안감이 밀려든다. 딴짓하지 않고 계획대로 열심히 공부를 한 날조차도 오늘 내가 제대로 공부를 한 게 맞는지 불안해하며 잠들고는 한다.

　길게는 몇 년, 짧아도 수개월 공부한 결과가 수능 단 하루로 판가름 되다 보니 불안감이 드는 것은 어쩌면 당연할 수밖에 없다. 문제는 불안감으로 인해 생긴 스트레스로 공부에 더 집중하기 어려워지는 악순환이다. 공부에만 매진해도 모자라는 시기에 마음이 다른 데가 있으니 조바심이 더 커진다.

솔직히 수험생활 동안 불안해하지 않을 방법은 없다고 생각한다. 불안을 떨쳐내는 사람이 있다면, 정말 공부를 잘해서 이제까지 본 모의고사에서 모두 원하는 점수를 받았거나 아예 수능을 포기한 사람 둘 중 하나가 아닐까. 전자는 몇십만 명 중 하나 있을까 말까이고, 후자에 해당하는 사람도 흔하지 않다. 평범한 학생이라면 평소 성적도 일정하게 나오지 않고 수능을 깔끔하게 포기할 수도 없는 입장일 것이다.

그렇다면 그 불안감을 받아들이는 법을 배워야 한다. 잘만 하면 불안감을 이용할 수도 있다.

불안감을 받아들이고 이용하는 법

나는 공부 중간중간 쉬지 않으면 공부가 안 되는 학생이었기 때문에 놀고 난 후에 찾아오는 불안감을 공부에 십분 활용했다. 앞서 계획을 세워서 정해진 시간만 놀고 공부하라고 했지만 아무리 계획을 하고 머리를 식힌다고 생각해도 그 시간에 열심히 공부하는 친구들을 보면 종종 죄책감이 들곤 했다. 때로는 내가 쉬기로 정해놓은 시간에 선생님이나 부모님이 오셔서 왜 공부하지 않냐고 타박을 해서 시무

룩해지기도 했다.

하지만 나는 내가 이런 '불안감'을 느낀다는 사실 자체에 주목했다. 즉, 내가 성적을 올리고자 하는 의지가 있고, 공부해야 한다는 필요성을 체감하고 있기 때문에 불안해지고 걱정도 되는 것이다. 내가 만약 '수능을 포기한 학생' 혹은 '수능을 중요하게 생각하지 않는 학생'이라면 처음부터 놀고 쉬는 것에 큰 죄책감을 느끼지 않았을 테니 말이다.

자신이 열심히 하고 있다는 증거를 불안감에서 찾아보자. 역설적이지만 불안하고 걱정되는 감정을 그동안 내가 잘 해온 증거라고 생각하면 불안감에서 벗어날 수 있다. 이제까지 내가 공부 성과를 차곡차곡 잘 쌓아왔고, 그것이 무너질까 봐 두려워 불안해하는 거라고 생각해보라. 그런 관점에서 보면 불안감이 없는 것은 더 위험한 상태이다.

오히려 안정적인 성적을 받는 상위권, 최상위권 학생들이 더 불안해한다. 평소에 시험 점수가 잘 나왔더라도 실전에서 미끄러질 수 있다는 부담감이 있기 때문이다. 나는 모의고사에서 거의 1등급을 받기는 했지만 항상 점수가 등급 컷 언저리여서 소위 '애매한 1등급'이었다. 불안할 때마다 나는 이제까지 잘 해왔으니 조금만 더 열심히 하면 '확실한 1등급'이 될 수 있다는 생각을 하면서 극복했다.

나는 내가 제일 잘 안다. 아무리 부모님, 선생님, 친구들이 옆에서 좋은 공부 방법이나 문제집을 추천해주어도 나에게 맞지 않으면 소용이 없다. 불안감은 나를 잘 알아가는 이정표가 되어준다. 불안감이 든다면 왜 불안감이 드는지 이유를 생각해보고 그걸 고치려고 노력해보는 것이 좋다.

만약 바로 고치기 어렵다면 포스트잇이나 노트를 하나 준비해서 그곳에 지금 나의 문제를 적어보라. 적는 것만으로도 딴생각을 조금이나마 줄일 수 있다. 또 '불안감은 나중에 해결하고 일단은 공부에 집중하자'는 자세를 유지하는 연습도 좋다.

불안감을 긍정적으로 받아들이기는 솔직히 어려울 것이다. 그렇다면 자신이 지금 불안하다는 사실이라도 받아들이려고 노력해보라. 왜 불안한지 생각하면서 그걸 자신에게 되뇌어보라. '내가 요즘 국어 공부를 안 해서 조금 불안하구나'라는 생각이 든다면, 바로 국어책을 꺼내 뭐라도 읽으면 된다. '더 열심히 공부해야 하는데 집중이 안 돼서 불안하구나'라는 생각이 든다면, 집중할 방법을 이것저것 시도해보라.

불안감이 든다고 해서 공부를 놓지만 않으면 된다.

⭐⭐⭐
'기분파'적인 공부 성향은 고쳐야 한다

'기분파'라는 단어는 보통 부정적인 뜻으로 많이 쓰인다. 기분파인 사람들은 감정에 휘둘려서 이성적인 판단을 하지 못하고 문제를 일으킨다는 것이 대중적인 인식이다. 나도 기분파 중 한 사람이다. 감정적으로 행동한 적이 많고, 그 행동이 좋은 결과를 가져올 때도 있고 나쁜 결과를 가져올 때도 있었다.

나는 성격적으로도 기분파고, 공부를 할 때도 기분에 영향을 정말 많이 받는다. 좋아하는 과목과 싫어하는 과목이 명확하고, 기분에 따라서 공부할 과목을 쉽게 바꾸었다.

나는 다른 과목에 비해 영어와 한국지리 과목을 좋아했고, 국어를 싫어했다. 영어는 수능형 문제로 고등학교 내내 꾸준히 공부해왔고,

절대평가인 데다가 기본 실력이 있었기 때문에 수험생활 동안 시간을 많이 쏟을 만한 과목은 아니었다. 그럼에도 영어 문제를 푸는 게 재미있었기 때문에 다른 과목을 공부하다가도 영어 책을 펴서 문제를 풀었다.

한국지리는 개념 이해가 크게 어렵지 않았고 내용도 내 취향에 맞아서 재미있었다. 한국지리 공부를 늦게 시작했기 때문에 다른 과목보다 훨씬 더 많이 공부해야 했고, 그래서 하루 종일 한국지리를 할 일종의 명분이 생겼다. 내가 '힐링'을 한다면서 한국지리 기출문제집을 몇 시간째 풀면서 싱글벙글 웃고 있을 때 나를 쳐다보던 친구의 눈빛이 아직도 기억난다.

반대로 국어는 제일 성적이 불안정해서 많은 시간을 쏟아야 하는 과목임에도 불구하고 공부하기 싫어했다. 특히 비문학에서 줄글을 읽고 해석해야 한다는 부담감이 너무 컸기 때문에 국어 공부를 계속 미루었다.

공부에서의 기분파적인 성향은 한순간에 만들어지는 것이 아니다. 몇 년간 여러 과목을 꾸준히 공부하면서 자연스럽게 만들어지는 경향이다. 모든 학생들은 좋아하고 싫어하는 과목이 있을 것이고, 자신도 모르는 사이 기분파로 살고 있을 것이다. 무의식적으로 좋아하는 과목을 플래너에 더 많이 배정하게 되고, 싫어하는 과목의 책을 책상 서랍 속 깊이 밀어 넣게 된다. 그래서 기분파적인 성향을 고치는 건 쉽지 않다.

과목 선호도를 파악하고 균형 있게 공부하자

우선 싫어하는 과목을 공부해야 하는 이유를 반드시 자각해야 한다. 나의 경우 고3 7월 모의고사를 계기로 국어 공부의 필요성을 더욱 크게 느꼈다.

나는 7월 모의고사 일주일 전까지 국어를 거의 공부하지 않았다. 아슬아슬하기는 했지만 그동안 모의고사에서 계속 1등급을 받아왔고, 틀렸던 문제도 비문학의 어렵다는 문제들뿐이었기 때문에 방심하고 자만했던 것이다. 모의고사를 앞두고 내심 불안하기는 했지만 국어 문제는 너무 풀기 싫어서 계속 미루었고 그 결과는 절망적이었다.

빠르고 정확하게 풀어서 시간을 단축해야 할 화법과 작문 부분에서 한 문제를 틀려버렸다. 연습할 때조차 틀리지 않던 문제를 틀렸다는 사실에 충격이 아주 컸다. 꾸준히 문제를 풀어주지 않으면 기본 실력에 상관없이 쉬운 문제도 틀릴 수 있다는 사실을 새삼 되새기는 계기였다. 그 이후 '같은 실수를 반복하지 않겠다'는 게 나의 국어 공부 원동력이었다.

물론 이런 식의 동기 부여는 생각보다 오래가지 않는다. 그래서 중간중간 모의고사와 실전 문제를 수없이 거치면서 사소하게 공부의 필요성을 체감해야 한다. 앞서 언급한 '불안감'을 이용해도 좋다.

7월 모의고사 이후 여름방학에 접어들면서 나는 나의 '기분파'적인 성격을 고치기 위해 여러 방법을 동원했다. 일단 나는 내가 좋아하는 과목과 싫어하는 과목을 확실하게 알았던 것이 도움이 많이 되었다. '일주일 계획 세우기'를 통해 과목 간 공부량의 균형을 유지하려 노력했고, 국어에 흥미를 붙이기 위해 인터넷 강의나 학원을 활용했다. 그리고 내가 좋아하는 과목인 영어 책을 책장 맨 밑에 넣어서 꺼내기 힘들게 만들기도 했다.

제일 효과가 좋았던 방법은 공부가 잘 안 될 때는 좋아하는 과목을 공부하면서 집중력을 끌어올리고, 집중력이 충분히 높아진 후에 싫어하는 과목 공부를 하는 것이었다. 그래서 당시 내 플래너를 확인해 보면 아침에는 좋아하는 영어나 한국지리를 공부하고, 점심 이후부터는 국어 문제를 푼 날이 꽤 많았다.

공부하기 싫은 과목은 누구에게나 있다. 하지만 수능을 준비하는 이상 그 과목을 보지 않을 수는 없는 노릇이다. 지금 공부를 하지 않으면 그 책임은 미래의 내가 아주 힘들게 감당해야 한다. 자신의 과목 선호도를 정확히 파악하고, 모든 과목을 균형 있게 공부하기 위해 의식적으로 꾸준히 노력하는 습관이 반드시 필요하다.

Chapter 7

통제할 수 있는
모든 환경을 이용하라

☆☆☆

공부 장소·핸드폰·음악…
집중력을 사수하라

"하고 싶은 거 어떻게 참았어요?"

"핸드폰은 어떻게 조절했어요?"

"집중을 어떻게 했어요?"

공부법 특강을 나갔을 때나 SNS를 통해 종종 받는 질문들이다. 사실 이런 질문을 받을 때마다 많이 조심스럽다. 특히 집중하는 방법이나 멘탈 관리 요령은 개인마다 잘 맞는 게 따로 있기 때문에 내가 조언을 해줘도 별 효과가 없지는 않을까 싶어서다. 그래서 우선 환경을 적극적으로 바꿔보라고 말해준다. '나'를 바꾸는 것보다 '환경'을 바꾸는 게 더 쉽기 때문이다.

나 자신에게 문제가 있다고 해도 내가 그것을 바꿀 수 있다면 전혀 문제가 되지 않는다. 예컨대, 내게 손톱을 뜯는 버릇이 있을 때 그것이 문제라는 걸 알고 그 후로는 손톱을 뜯지 않는다면 문제는 해결된다. 하지만 긴장하거나 부담되는 상황이 오면 다시 무의식적으로 손톱을 뜯는다면, 내가 아무리 습관을 고쳐야겠다고 생각해도 좀처럼 문제는 해결되지 않는다.

이렇게 '나'를 바꾸거나 통제하는 것이 어려운 상황이라면, 그보다 '환경' 바꾸기를 한번 시도해보라. 내가 통제할 수 없는 유혹을 굳이 스트레스 받아가면서 통제할 필요는 없다.

내가 수험생활 동안 시도했던 여러 '환경 바꾸기'를 통해 좀 더 자세하게 이야기해보겠다.

나에게 맞는 공부 장소는 따로 있다

공부하는 장소를 정하는 것은 수험생뿐 아니라 모든 학생들의 고민일 것이다. 집, 학교, 독서실, 도서관, 스터디 카페, 일반 카페, 심지어는 공원 같은 야외 장소까지, 학생들이 공부할 수 있는 공간은 무궁무진하다. 그러나 정작 '내'가 공부할 수 있는 공간을 찾는 것은 생각보다 어렵다.

혹자는 집중의 정도는 개인의 의지에 달렸고, 본인이 집중만 잘한다면 어느 장소에서 공부하든지 상관없다고 말한다. 하지만 적어도 나는 장소에 많은 영향을 받는 사람이었고, 많은 사람이 그럴 거라고 생각한다.

여러 가지 시행착오를 겪어보는 것이 좋다. 나도 수험생활 동안 나에게 딱 맞는 장소를 찾기 위해 많은 시간을 썼다. 학교에서는 교실, 도서관, 복도, 가끔은 체육관까지 가보았고 주말에는 집, 독서실, 도서관 열람실, 스터디 카페를 전전하면서 공부하려고 노력했다. 이런 과정을 거치면서 자신이 어떤 환경에 강한지 파악해볼 필요가 있다.

나는 침대가 있는 공간에서는 공부를 할 수가 없었다. 일단 침대가 옆에 있으면 눕고 싶고, 눕지 않더라도 침대 위에서 책을 읽고 싶은 욕구가 생긴다. 그러나 공부할 때는 의식적으로라도 딱딱한 의자에 앉아 있어야 한다. 수능장은 절대 편안한 공간이 아니기 때문이다.

푹신한 매트리스나 이불 위에 앉아 있으면 자세가 흐트러지고 집중이 잘 안 되는 것을 여러 번 겪었다. 그래서 침대에서 공부하면 효율이 좋지 않다는 사실은 잘 알고 있었다. 처음에는 침대를 보지 않고 끈기 있게 의자에 앉아 있으려고 노력했지만, 막상 침대가 옆에 보이면 눕고 싶은 생각이 공부해야 한다는 생각보다 앞서서 항상 집중에 실패하고는 했다.

그래서 나는 침대가 있는 기숙사 방이나 집 방에서는 공부를 하지 않았다. 학기 중에는 심야자율학습까지 신청해서 무조건 교실에서 공부하다가 기숙사에는 최대한 늦게 들어왔다. 주말이나 방학 때 집에 오면 공부할 거리를 챙겨서 학원 근처의 독서실이나 스터디 카페로 향했다. 누울 수 있는 장소에서 벗어나, 잘 수 없으니 어쩔 수 없이 공부해야 하는 환경을 조성했다.

야간자율학습이 끝나고 기숙사 방으로 돌아오거나 독서실에서 집으로 돌아오면 나는 미련 없이 잠을 청했다. 침대가 있는 방에서는 공부가 안 되는 걸 알았기 때문에 굳이 새벽 공부를 열심히 하려고 시도하지도 않았다.

핸드폰 중독을 막는 확실한 방법

예상컨대 수험생의 절반 이상이 핸드폰 사용을 조절하는 데 어려움을 겪을 것이다. '잠깐만 봐야지' 하고 시작했다가 1시간이 훌쩍 지나는 건 흔한 일이다. 자기 전 핸드폰을 보다가 잠을 충분히 자지 못해서 다음 날 고생했던 적도 있었다.

핸드폰 중독을 막기 위해 우리는 여러 노력을 한다. 사용 시간을 제한하는 어플을 깔기도 하고, 선생님이나 부모님께 핸드폰을 맡기기도 하고, 스스로 조절해보려고 애쓰기도 한다. 하지만 각각의 방법은 맹점이 하나씩 있다. 어플은 지우면 그만이고, 맡긴 핸드폰은 급한 일을 핑계로 도로 가져올 수 있고, 자제력이 떨어지는 순간도 한 번쯤 온다.

나도 핸드폰으로 유튜브를 보느라 하루에 몇 시간씩 시간을 낭비한 적이 많았다. 그래서 고등학교 2학년 때부터 부모님께 핸드폰을 바꿔달라고 부탁했다. 스마트폰을 반납하고 폴더폰으로 바꾸어서 내가 핸드폰으로 할 수 있는 건 문자, 전화, 음악 듣기 정도였다. 예전처럼 밤새 핸드폰을 할 수도 없었고, 핸드폰으로 할 것도 없었다.

솔직히 많이 망설였다. 내가 조금만 조절하면 핸드폰을 바꾸지 않고도 충분히 공부할 수 있다는 생각도 해보았다. 결론은 '그동안 통제를 못 했으니 앞으로도 고생할 것이다'였다. 지금 되돌아보면 옳은 선택이었던 것 같다.

환경이 바뀌면 습관이 바뀐다

흔히 고3은 공부만 한다고 생각하는 사람들이 많지만 수능을 앞둔 모든 학생들이 긴장 속에 하루하루를 살아가지는 않는다. 수시 전형에 더 큰 비중을 두고 입시를 준비하는 학생도 있을 것이고, 자신의 실력이 충분하다고 생각해 남들보다 노력을 덜 쏟는 학생도 있을 것이다. 혹은 여유롭게 공부하는 것이 취향에 맞는 학생도 있을 것이다. 그렇기 때문에 같은 공간에서 같은 시험을 치르기 위해 공부하더라도 나에게 맞는 학습 분위기가 만들어지지 않을 수도 있다.

나는 공부할 때 주변의 영향을 많이 받는 편이다. 뭉친 허리를 풀려고 잠시 일어났을 때, 누군가 옆에서 자고 있는 모습이 보이면 '나도 조금만 잘까?' 하는 생각이 절로 든다. 사물함에 있는 책을 가지러 갈 때, 친구가 열심히 공부하는 모습을 보면 '나도 열심히 해야지' 하고 자극을 받는다. 화장실 가는 길에 음악을 듣고 있는 친구를 보면 '갔다 와서 나도 노래 한 곡 들어야지' 하고 생각한다. 주변 사람들을 일부러 관찰하는 건 아니지만 그들의 행동에 나도 모르게 동화되곤 한다.

국제고등학교에 진학한 것도 그 때문이었다. 열심히 하는 친구들과 훌륭한 선생님들 사이에서 긍정적인 기운을 받으면서 공부하기 위해서. 잘하는 학생들이 모여 있어서 확실히 공부 시너지가 컸다.

하지만 그런 환경 속에서도 힘들고 공부하기 싫은 순간이 분명 온다. 어떤 때는 한 반 20명 중 5명도 공부를 안 하고 있을 때도 있었다. 한두 명이 이야기하기 시작하면 대부분의 아이들이 대화에 참여하기 때문에 어수선해서 집중이 안 된 적이 종종 있었다. 물론 나도 함께 떠든 적이 많기 때문에 매번 조용히 해달라고 말하기에는 눈치가 보였고, 스트레스도 받아서 그만두었다.

그래서 어느 순간부터 나는 그냥 교실이 시끄러워지면 그곳을 벗어났다. 복도, 도서관, 계단, 화장실 등 소음이 미치지 않는 곳을 찾아 책과 필통을 들고 교실을 빠져나왔다. 교실 분위기를 바꿀 수 없으니 내가 공부를 잘할 수 있는 곳으로 환경 자체를 바꾸었다.

어떤 습관이든 환경을 바꾸면 달라질 수 있다. 밤에 자꾸 간식을 먹어서 살이 찌는 게 스트레스라면, 간식을 사놓고 먹지 말자고 다짐할 것이 아니라 간식을 아예 사 두지 않으면 된다. 공부할 때도 마찬

가지이다. 물론 환경을 바꾸는 데에는 엄청난 의지가 필요하다. 어쩌면 지금의 환경에 나 자신을 맞추는 게 쉬울 때도 있을 것이다. 하지만 그러면 그만큼 원래 습관으로 되돌아가기도 쉬워진다. 나쁜 습관은 생각보다 잘 고쳐지지 않기 때문이다.

공부 효율을 높이는 음악 감상법

"공부할 때 노래 들어도 될까요?" 이 질문은 공부하는 학생이 이 세상에 존재하는 이상 끝날 수 없는 논쟁이라고 생각한다. 나는 노래를 너무 좋아했고, 수능 일주일 전까지 노래를 들으면서 공부했다. 공부하다가 졸리면 잠을 깨우기 위해 노래를 듣기 시작한 건데, 어느 순간 노래를 듣기 위해 공부의 강도나 종류를 바꾸기도 했다.

공부에 방해가 되지 않는 선에서 노래를 듣기 위해 여러 가지 노력을 해봤다. 그냥 모든 과목을 공부할 때 노래를 듣고, 그에 적응하려고 해봤다. 혹은 많은 학생이 그러는 것처럼 수학 공부를 할 때만 노래를 듣기도 했고, 가사가 없는 배경음악만 듣기도 했다. 노래를 포기할 수 없었던 이유는 노래 자체가 좋아서이기도 했지만, 주변 소음이 있으면 공부를 못했기 때문에 그렇다.

그래서 내가 찾은 해결책은 '노래를 열심히 듣는 것'이다. 노래가 공부에 방해되는 한 가지 이유는 가사 때문이다. 가사가 들리면 가사에 집중하게 되기 때문에 공부를 하면서 노래를 듣다 보면 어느 순간 노래 가사를 음미하고 있던 적이 한두 번이 아니었다. 그래서 나의 선택은 한 노래 혹은 몇 노래를 반복적으로 듣는 것이다.

같은 노래를 반복해서 듣다 보면 가사에 익숙해지고, 어느 정도 익숙해지면 가사가 들리지 않는다. 진짜 들리지 않는 건 아니지만, 일종의 백색소음 같은 기능을 하게 되는 것이다. 여기에서 반복할 노래를 고를 때는 시끄러운 것보다는 서정적이고 잔잔한 노래 위주로 고르는 것을 추천한다.

나는 내신 중간고사, 기말고사나 모의고사처럼 중요한 시험이 있을 때는 '한 노래'만 열심히 들었다. 수능을 위해 내가 고른 노래 하나는 아이유의 'Love Poem'이었다. 일주일 정도 이 노래만 재생목록에 담아놓고 들었고, 수능장 가는 버스에서까지 들었다. 그래서 지금도 그 노래를 들으면 수능장 가는 느낌이 떠오를 정도이다.

물론 노래를 어떻게 듣든 공부에 방해가 되는 사람도 있고, 여러 가지 신나는 노래를 들어도 공부에 방해가 되지 않는 사람도 있다. 그건 개인의 공부 의지나 집중력에 따라 달라진다. 내가 제시하는 건 일반적인 학생들이 적용할 수 있는 가장 합리적인 방법이라고 생각한다. 노래를 듣고 싶은데 공부도 하고 싶다면, 노래를 하나만 '열심히' 들어보라.

☆☆☆

타고난 머리 탓은 넣어둬라

학교에서 공부를 하다 보면 소위 '현자(현실자각) 타임'이 올 때가 많다. 나만큼 노력하지 않는 것 같은데도 나보다 성적이 잘 나오는 친구들이 많다. 분명 같이 공부했는데 내가 틀린 문제를 친구는 맞는다.

공부를 잘하도록 타고난 사람들이 내 주변에만 정말 많은 것 같다. 내 앞에서만 공부를 별로 안 했다고 말하는 건지는 몰라도, 내가 더 많은 시간을 들이고 노력한 것 같은데도 나보다 공부를 훨씬 잘하는 친구들이 많다. 그런 친구들을 보면 아무래도 공부 유전자를 타고난 게 아닌가 싶다.

당장 텔레비전만 틀어봐도 어릴 때부터 수학을 좋아해서 수학 영재로 불리는 아이들, 일찌감치 유학을 다녀와서 영어가 한국어보다 편하다는 학생들을 어렵지 않게 볼 수 있다. 모두가 동일선상에 있을 수는 없다. 공부도 결국 유전 반응으로 태어난 사람들이 하는 것이기 때문에 유전자의 영향을 받을 수밖에 없긴 할 것이다.

내가 방송이나 유튜브 채널에 출연했을 때도 비슷한 반응이 많았다. 내 공부법은 특별할 게 없는데, 타고난 머리가 있어서 만점을 받은 거라고 하는 사람들이 종종 있었다. 그래서 되돌아보았다.

나는 공부머리를 유전 받아서 수능 만점을 받은 것일까?

반은 맞고, 반은 틀리다

생각해보니 나에게도 공부를 잘할 수 있도록 타고난 특성이 있긴 한 것 같다. 하지만 그렇다고 해서 다른 사람들이 생각하는 '천재성'을 물려받았다고 하기에는 난 너무 결점이 많다. 학문적인 호기심이 큰 것도 아니고, 이루고 싶은 목표가 뚜렷하지도 않고, 창의력이 뛰어나지도 않다. 내가 타고난 것은 완벽주의적 성향과 관용, 빠른 습득력 정도인 듯하다. 그 정도면 타고난 공부머리 아니냐고 반문할 수 있겠지만, 나는 이 장점을 상쇄시키는 결함 또한 가지고 태어났다.

우선 완벽주의적인 성향은 상위권 학생들이 흔히 가지고 있는 특성이다. 내가 특이하다고 말할 수는 없을 것 같다. 나는 공부를 포함한 무언가를 시작했을 때 완벽하게 끝내고자 했다. 수행평가 하나를 준비할 때도 지문 한 문장 한 문장 철저하게 분석하면서 최대한 실수를 줄이고자 노력했고, 가끔은 너무 사소하거나 깊은 내용까지 파고들어 선생님이나 주변 친구들이 '뭐 그런 것까지 공부하냐'고 반문하기도 했다.

한 번 실수를 하면 그 실수를 반복하지 않기 위해 온갖 방법을 다 동원했다. 앞서 언급했듯이 필기를 놓쳐서 시험 문제를 틀린 것에 충격을 받고 친구들에게 빌릴 수 있는 필기는 거의 다 빌려서 공부하기도 했다. 꼼꼼하고 세세한 성격 덕분에 공부용 학습지를 스스로 잘 만들었다. 공부뿐만 아니라 각종 학교 행사와 비교과 활동에서도 이런 완벽주의적 성향이 두드러졌다. 하다못해 담임 선생님을 위한 스승의 날 행사나 학교 축제 공연을 준비할 때도 실수하지 않기 위해 연습에 연습을 거듭했다.

문제는 이런 완벽주의 성향이 무언가를 '시작'했을 때만 나타났다는 것이다. 나는 고등학생 때부터 지금까지 미루는 습관을 고치지 못했다. 완벽하게 해내지 못할 것 같다면 시작하지 말자는 생각 때문이다. 의지를 다잡고 겨우 시작했을 때는 이미 시간이 부족한 상황이라서 오히려 완벽주의적인 성향이 독이 되었다. 정해진 계획을 다 끝내지 못할 때가 많았기 때문에 스트레스도 받았고 결과가 좋지 않을 때도 있었다.

관용은 나 자신에게 베푸는 것이다. 어떤 수행평가나 시험 결과가 좋지 않을 때, 나는 성적을 마주한 그 순간이 지나면 크게 신경 쓰지 않는다. 물론 낮은 성적을 받아든 그 순간에는 많이 속상했지만, 이미 지나간 일이라고 생각하면서 금방 떨쳐버리곤 했다. 자책하거나 슬퍼하기보다는 낮은 성적에서 공부를 계속할 원동력을 얻어서 바로 공부를 시작하게 되는 경우가 대부분이었다. 덕분에 다음 시험에서는 보통 좋은 성적을 받아서 만회할 수 있었다.

다만 그 관용이 지나친 경우에는 합리화나 정당화가 되어버렸다. '내가 열심히 공부했고 최선을 다했으니 괜찮아'라는 마음가짐은 결국 열심히 공부하는 시간을 최대한 줄이는 결과를 가져왔다. 분명 더 노력하면 더 공부할 수 있는데도 피곤하거나 그냥 공부하기 싫으면 '오늘의 최선은 여기까지다' 하고 스스로 선을 그어버렸다. 그렇게 해서 시험을 못 보면 어쩔 수 없다고 합리화하고, 다음번에도 비슷한 상황이 반복되기도 했다.

빠른 습득력은 확실히 도움이 많이 되었다. 선생님께서 하는 말 중 보통 이해가 잘 안 되는 말이 없었다. 물론 이건 내가 그동안 배웠던 선생님들의 강의력이 좋거나 내가 탐구력이 부족해서 의문을 가지지 않았던 것일 수도 있다. 교과 내용도 곧잘 이해해서 친구들의 질문을 잘 받아주었다.

한번은 유명한 정치사회학자 한 명을 스스로 정해서 2시간 정도 그 사람에 대해 발표해야 하는 수행평가가 있었다. 솔직히 정치 이론에 대한 사전 지식도 거의 없었고 관련 서적도 많이 읽어보지 않아서 걱정이 많았다. 그래서 이름이 익숙한 '헤겔'을 골라 발표했다. 생각보다 이해해야 하는 내용이 방대하고 너무 어려워서 울면서 이틀 밤낮을 준비했는데, 결국 발표 우수상을 받았던 기억이 있다.

하지만 이 빠른 습득력 탓에 미루는 습관이 더 심해지기도 했다. 늦게 시작해도 남들만큼, 어쩌면 남들보다 더 좋은 결과를 얻을 수 있다는 걸 나 스스로 잘 알고 있었던 것이 문제다. 일종의 자만이다. 생각해보면 아무리 습득력이 좋아도 1등은 한 적이 없는데 왜 그렇게 자만했는지 의문이다.

결국 공부는 노력이 결정한다

'공부머리를 타고났다'는 말은 결국 공부를 잘할 수 있는 특성을 타고났고, 노력을 통해 그 특성을 잘 계발시켰다는 의미를 포함한다. 완벽주의적 성향, 점수 하나하나에 연연하지 않는 관용, 빠른 습득력을 모두 타고났다고 하면 분명 유리한 위치에 있는 것은 맞지만, 그만큼 극복해야 할 장애물도 많다. 결국 공부는 노력이 좌우한다.

내가 앞에서 얘기한 나의 문제를 해결하기 위해 노력하지 않고 타고난 머리만 믿었다면 공부를 미루고, 내 실력에 자만하고, 점수를 못 받아도 합리화하는 학생이었을 것이다. 유전으로 받은 공부머리가 다가 아니라는 것만 알면 된다. 타고난 머리가 있어도 노력해야 하고, 타고난 머리가 없어도 노력해야 한다.

☆☆☆

학원·인강·과외…
사교육 환경 활용법

학원, 인터넷 강의, 과외. 학생들은 이 세 가지 '사교육'을 어떻게 활용해야 할지 걱정이 많을 것이다. 어린 나이에는 대부분 부모님께서 학원에 보내거나 과외 선생님을 붙여주실 것이고, 혹은 어릴 때부터 인터넷 강의를 들을 수도 있다. 하지만 학년이 올라갈수록 학원을 다녀야 할지, 과외를 받아야 할지, 인터넷 강의를 들어야 할지 등의 고민이 생길 때 누군가의 결정에 따르기보다는 학생 스스로 전략적인 선택을 해야 한다.

학원과 인터넷 강의, 과외는 저마다 장단점이 있다. 내 경험을 바탕으로, 어떤 학생이 어떤 방법을 이용해야 하고, 학생들이 어떻게 학원, 인터넷 강의, 과외를 활용해야 하는지 간단히 이야기해보려고 한다.

학원

나는 초등학교 때부터 고등학교 때까지 학원에 다녔고 그만큼 학원
에서 많은 도움을 받았다. 수학과 영어는 초등학교 저학년 때부터 꾸
준히 다녔고, 다른 과목은 학교에서 배우는 내용으로 충분했다.

　학원의 장점이자 단점은 규칙성과 강제성이다. 가야 하는 시간이
정해져 있고 숙제도 꼬박꼬박 해 가야 한다. 한 명의 선생님이 여러
명의 학생을 가르치므로 개인 사정 때문에 수업 시간을 변경하는 것
은 아예 불가능하다. 학원에는 해당 과목을 몇 년간 가르쳐온 선생님
들이 있고, 정해진 진도가 있어서 그것만 잘 따라가면 대부분 문제없
이 선행 학습을 할 수 있다. 학원마다 정규 진도 수업 외에 특강을 제
공하고 있어서 부족한 부분을 보완할 수도 있다.

　하지만 정해진 시간에 가야 한다는 스트레스와 함께 엄청난 숙제
가 부담감을 가중시킨다. 그래서 학원의 도움을 많이 받은 나도 학원
을 결코 좋아할 수는 없었다. 초등학생 때도 밤늦도록 학원 숙제를
했던 적이 있는데, 시간이 촉박해서 답지를 몰래 베껴 간 날도 있다.
학원에 대한 이런 부담감 때문에 중학교 2학년 때는 학원을 끊고 혼
자 공부해보려고 했었다.

　수학과 영어 외에는 학원을 다니지 않고 혼자 공부하기 시작했고,
성적이 잘 나왔기 때문에 내가 자기주도학습을 잘한다고 생각했다.
그래서 부모님께 수학 학원도 끊고 문제집 하나를 사서 혼자 풀어보

겠다고 선언했다. 결과는 아주 나빴다. 학원에서라면 2개월 만에 다 풀고 복습까지 했을 분량의 문제집을 6개월 동안 반도 풀지 않았다.

플래너를 써서 공부 계획을 철저히 지키겠다고 다짐했지만 계속 일정을 뒤로 미뤘다. 내 문제는 스스로 학습할 능력을 충분히 갖추지 못했다는 것이었다. 결국 다시 수학 학원에 등록해서 멈췄던 선행 학습을 계속했다.

학원의 가장 큰 장점은 공부하는 방법을 가르쳐주는 것이다. 학원에서 정해진 시간까지 정해진 양의 숙제를 해가는 것에 익숙해진다면 자기주도학습을 할 때 플래너를 쓰고 그걸 지키기도 쉬워진다. 다른 사람이 시키는 과제도 완수하지 못한다면 내가 스스로 정한 약속대로 과제를 하기는 더더욱 어렵다.

고등학교 때는 기숙사 생활을 하느라 초·중학교 때만큼 학원을 많이 다니지는 못했지만, 고등학교 3학년 때 수능 공부를 하면서 대치동 현장 강의를 많이 들었다. 학습적으로도 많은 도움을 받았지만, 선생님들이 수능 공부할 때의 마음가짐과 태도에 대해서도 자주 조언해주셔서 큰 동기부여가 되었다.

학원은 내가 모르는 교과 내용을 배우는 곳이기도 하고, 동시에 공부 습관을 잡는 데 큰 도움이 되는 곳이기도 하다. 이 두 가지를 항상 생각하면서 스스로 학원을 다닐지 말지 선택하길 바란다. 부담되고 당장 힘들다고 해서 학원을 그만두려 한다면, 과연 내가 학원 없이도 제대로 공부할 수 있을지 다시 한 번 생각해보기를 바란다.

인터넷 강의

최근에는 인터넷 강의 시장이 매우 활성화되었고, 해당 회사에 소속된 모든 선생님들의 강의를 들을 수 있는 '패스' 시스템이 생기면서 내신과 수능 공부를 하는 데 인터넷 강의가 중요한 도구로 떠올랐다. 나는 고등학교 영어, 한국사 내신을 공부할 때 혼자 하기 벅찬 부분을 인터넷 강의로 보완했고, 수능 공부를 할 때는 소위 '일타 강사'라고 불리는 선생님들의 인터넷 강의를 꾸준히 수강했다.

인터넷 강의는 학생이 스스로 원하는 선생님을 골라 선택할 수 있다는 장점이 있다. 대부분의 인터넷 강의는 맛보기 강의를 지원하기 때문에 1시간 정도 시범강의를 들어보고 신중하게 고르면 도움이 된다. 해당 선생님의 문제 풀이 방식과 문제의 퀄리티 등이 주요 고려 대상일 것이다. 사소하게는 선생님의 말투, 농담 스타일 등이 자신과 맞는지도 파악하면 된다.

맛보기 강의를 들어보는 과정이 번거롭게 느껴질 수도 있다. 나도 어떤 강의를 들을지 고민하는 데 거의 2~3시간을 썼던 것 같다. 하지만 처음에 나에게 잘 맞는 강의를 골라놓으면 그만큼 만족도가 훨씬 높아진다. 나는 강의를 선택할 때 선생님의 강의력과 문제 풀이 방식뿐 아니라 유머 코드가 나와 맞는지도 살펴보았다. 덕분에 수능 대비 인터넷 강의를 들을 때 굉장히 즐거웠던 기억이 난다.

'일타 강사'로 불리는 인강 선생님들은 강의력이 매우 좋으시다.

치열한 인강 시장에서 이미 주목받고 있다는 것만으로 실력을 충분히 확인할 수 있다. 그 선생님들은 해당 과목을 어떻게 하면 효율적으로 가르치고 학생들이 문제를 빠르고 정확하게 풀 수 있을지 계속 고민하고 방법을 바꿔나간다. 따라서 학생들은 나와 맞는 선생님을 찾고, 선생님의 강의력에 감탄하면서 수업을 듣기만 하면 된다.

하지만 인터넷 강의는 강제성이 거의 없다는 문제점이 있다. 물론 학원을 다니듯이 스스로 시간을 정해서 들어도 괜찮지만, 그날의 컨디션이나 상황에 따라 미룰 가능성이 높다. 재생 속도를 조절하면 강의 듣는 시간을 줄일 수 있기 때문에 '한 번에 몰아서 보면 되겠지' 하고 가볍게 생각할 수 있다. 반대로 자습을 하기 싫어서 하루 종일 강의만 듣는 날도 생긴다. 또 인터넷 강의를 완강(인터넷 강의 전체 커리큘럼을 첫 강의부터 마지막 강의까지 다 듣는 것)해야 한다는 의무감 때문에 듣지 않아도 되는 강의를 계속해서 듣기도 한다.

나는 수능에서 제2 외국어 선택과목 중 아랍어를 택했고, 여름방학 때 잠깐 현장 강의를 들은 것 외에는 모두 인터넷 강의로 공부했다. 아랍어는 굳이 만점을 받을 필요가 없었기 때문에* 다른 과목보다 많은 시간을 들일 필요가 없었다. 전체 시험 문제 중 반 이상만 맞

---

* 서울대학교 정시 전형에 합격하기 위해서 문과는 제2 외국어 과목을 수능에서 응시하고 2등급 이상 받으면 된다. 특히 아랍어는 언어 자체의 접근성이 낮고 알파벳도 익히기 어렵기 때문에 2등급 컷 점수가 그렇게 높지 않다. 그래서 정시로 서울대학교에 지원하는 많은 문과 학생들은 아랍어를 선택한다. 2021학년도 수능 기준 아랍어 과목 2등급 컷 점수는 50점 만점에 24점이었다.

히면 서울대학교 정시 전형 합격 기준을 넘길 수 있어서 강의의 절반 정도만 들어도 충분했지만 생각보다 아랍어 공부가 재미있었다. 그 바람에 굳이 듣지 않아도 될 아랍어 강의를 하루 종일 듣다가 다른 공부할 시간을 날렸다.

인터넷 강의는 거의 전적으로 개인의 자율성에 의존하는 공부 방법이다. 교재가 있기는 하지만 숙제의 양도 많지 않고, 숙제를 했는지 안 했는지 확인하는 것 또한 본인의 몫이다. 복습과 예습을 스스로 해야 하기 때문에 자기주도학습 능력이 어느 정도 갖추어져 있다면 효율적으로 활용할 수 있겠지만, 그렇지 않은 상태에서 인터넷 강의에 전적으로 의존하는 것은 매우 위험하다.

과외

나는 초등학생 때 수학·영어 과목 개인 과외를 잠깐 받았고, 중학생 때까지 과학 그룹 과외를 받았다. 과외의 가장 큰 장점은 선생님이 나에게 쏟는 시간이 학원이나 인터넷 강의보다 압도적으로 많다는 것이다. 내가 모르는 부분이 있으면 집요하게 그 내용을 선생님께 여쭤보면서 알아낼 수 있고, 특히 내신 준비를 할 때는 과외 선생님이 각 학교 내신 범위에 맞는 맞춤형 수업을 해주실 수도 있다.

대학생 과외를 받으면 학생과 선생님의 나이 차가 적고 둘이 함께 있는 시간이 많기 때문에 대학생이 친근한 멘토로서의 역할을 해주는 것을 기대할 수 있다. 대학생들은 학교생활과 입시를 최근에 경험해보았기 때문에 공부 외적으로도 조언을 구할 수 있고, 슬럼프에 대처하는 방법 등도 배울 수 있다.

학원에 비해 유동적으로 스케줄 조정이 가능한 점도 좋다. 처음에 수업 시간을 정할 때도 학생과 선생님이 논의해서 시간을 정한다. 학원은 학생이 사정이 있어도 수업 시간을 바꿀 수 없지만, 과외는 선생님이 가능하다면 새로 시간을 정할 수 있다.

Chapter 8

오롯이 공부에
집중하기 위한
관계 관리법

☆☆☆
친구 관계 유지와 공부,
양립할 수 있을까?

수험생활을 하면서 친구끼리 어긋나는 경우가 정말 많다고 한다. 서로 예민한 시기이기 때문에 평소라면 그냥 넘어갈 수 있는 갈등도 한순간에 커져 버릴 수 있고, 공부 때문에 서로에게 신경을 많이 못 쓸수도 있다. 자신과 공부 패턴이 비슷한 친구가 아니라면 수험생활 내내 불편할 수도 있다.

솔직히 나도 고등학교 3학년 때 친구 관계를 잘 관리하지 못했다. 가끔은 공부 때문에 예민해져서 친구들에게 심한 말을 했던 적도 있고, 한 친구와는 심하게 싸워서 거의 절교를 할 뻔했다. 생각해보면 '기만'이라고 느껴질 수 있는 말을 친구들 앞에서 종종 했던 적도 있다. 그때 나로 인해 상처받은 모든 친구들에게 사과하고 싶다. 하지만 그 몇 번을 제외하면 수험생활 내내 나는 친구들과 큰 문제 없이 지내왔다고 생각한다.

현역 고등학교 3학년 학생이든, N수생이든, 지금 공부 때문에 힘든 심정을 가장 잘 이해해줄 수 있는 사람은 주변에 있는 친구들이다. 공부 때문에 스트레스를 받는 건 어쩔 수 없다. 우리는 그 스트레스를 해소할 수 있는 좋은 방법을 반드시 찾아야 한다. 나는 그 방법 중 하나를 친구들과 함께 있는 것에서 찾았다. 게다가 공부 때문에 스트레스를 받는데 친구 관계에서도 스트레스를 받으면 공부와 인간관계 그 어느 것에도 제대로 집중하지 못하게 된다.

그렇다고 해서 친구 관계를 아예 끊는 것은 그것대로 스트레스가 심하다. 내가 슬럼프 없이 공부를 할 수 있었던 건 다 학교 친구들 덕분이었다. 1년이나 되는 시간을 친구 없이 지내다 보면 힘들어질 수밖에 없다.

친구 관리도 실력이다

그렇다고 해서 새로운 관계를 만들 필요는 없다. 나는 2학년에서 3학년으로 넘어가는 겨울방학 때 기숙학원 윈터스쿨에서 한 달 정도 수능 공부를 했던 적이 있는데, 그때 굳이 친구를 만들려고 노력하지 않았다. 밥도 되도록 혼자 먹었고, 친구들의 스케줄에 내 공부 패턴을 맞추지 않았다. 새로 친구를 만드는 것 자체가 신경이 너무 많이 쓰였고, 공부에 온전히 집중해야 하는 상황이라고 생각했다.

그래서 나는 기숙학원에 있는 동안 친구 관계와 공부, 둘 중에서 공부를 선택했다. 하지만 내가 마음 맞는 친구 없이 기숙학원에서 한 달을 버틸 수 있었던 건 기존의 친구 관계를 잘 유지했기 때문이다. 같은 학교 친구와 함께 기숙학원에 왔기 때문에 기숙사에서 얼마든지 만날 수 있었고, 기회가 있을 때마다 몰래 고등학교 친구들에게 연락을 했다. 겨울방학이 끝나갈 때쯤에는 '조금만 버티면 친구들을 만날 수 있다'는 생각으로 공부를 했다.

2019년 대학 입시의 막바지였던 한 해가 힘들었냐고 나에게 묻는다면, 나는 공부 때문에는 힘들었지만 그 외의 일상은 너무나도 즐거웠다고 답할 것이다. 실제로 2019년은 정말 즐거운 한 해였고, 그 옆에는 항상 친구들이 있었다. 저녁 급식을 먹지 않고 유튜브를 보면서 몰래 컵라면을 끓여 먹을 때도, 야간자율학습이 끝나고 기숙사로 돌아가면서 별을 볼 때도, 교실에서 공부하다가 쉬는 시간 종이 울리자마자 매점으로 뛰어갈 때도, 항상 친구들과 함께였다.

공부하면서 힘들었던 기억보다는 여유 시간이 있을 때마다 친구들과 틈틈이 놀았던 기억이 더 많다. 나와 내 친구들 모두 공부할 때는 제대로 공부하고 놀 때는 제대로 노는 성격이라서 공부와 휴식의 선을 잘 지켰고, 이게 모두에게 힐링이 되었던 것 같다. 요즘 친구들과 연락할 때도 딱 한 번만 그때로 돌아가고 싶다는 말을 종종 한다.

아, 물론 공부 부담은 전혀 생각하지 않고 하는 말이다.

힘들 때 가장 의지하고 나에게 공감해줄 수 있는 건 주변에서 함께 대학 입시를 준비하는 친구들이다. 저마다 다른 학과와 다른 대학교에 지원하겠지만 공부에 대한 근본적인 고민을 나누고 함께 해결할 수 있는 것도 친구들이다.

물론 친구들을 '스트레스 해소용 보험'으로 사귀어놓으라는 것은 절대 아니다. 친구 관계 유지와 공부가 양립할 수 있다는 점을 강조하고 싶은 것이다. 주변에서 수험생활을 하는 동안 여러 인간관계에서 실패를 경험하는 모습을 목격해왔고, 정말 필요할 때 친구가 없어서 무너지는 것도 보았기 때문에 하는 말이다.

공부 때문에 짜증이 나고 힘들 수는 있지만, 그렇다고 해서 그 화살이 친구에게 돌아가는 것을 정당화시킬 수는 없다. 앞서 말했듯이 모두가 예민한 상태이기 때문에 더욱 서로를 존중해야 한다.

솔직히 대학 입시라는 큰 산을 마주하고 있다 보면 인간관계에 문제가 생겼을 때 그 문제는 뒷전이 되는 경우가 많다. 쉽게 말하자면 순간적인 실수로 친구에게 화를 냈다가 그로 인해 입시가 끝날 때까지 친구 관계가 끊어질 수도 있다. 어쩌면 입시가 끝나도 그 관계를 원래대로 돌리기 힘들지 모른다. 평소보다 서로를 배려해주기 힘들고 심리적으로 취약한 상태이다 보니 작은 말실수 하나에도 크게 상처를 받게 된다.

공부는 결국 혼자 하고 그 결과 또한 혼자 감당해야 한다. 그래서 대학교 입시를 준비하는 1년 동안은 친구 없이 혼자 공부 패턴을 지키는 학생들도 많을 것이다. 그 방법이 나쁘다는 게 아니다. 다만 친구 관계를 유지하면서 공부하기로 결심한 사람이라면, 주변 친구들에게 적당히 신경을 쓰면서 공부를 이어나가는 능력 또한 필요하다는 말이다. 이런 공부 외적인 환경을 조절하는 것도 중요한 실력이라고 생각한다.

가장 긴밀한 입시 동반자

내가 다니던 고등학교는 분위기가 굉장히 신기했다. 뭐든지 정말 열심히 하는 친구들만 모여 있었다. 공부할 때는 치열하게 경쟁하면서 누군가 모르는 문제가 있다고 하면 여러 명이 함께 적극적으로 도와준다. 공부하다가 한 명이 힘들어하면 주변 친구들이 위로해주고, 기회가 있을 때마다 세상이 곧 끝날 것처럼 놀았다. 수험생활 때도 다르지 않았다. 오히려 더 치열하게 공부하고 치열하게 놀았던 것 같다.

공부하면서도 서로 도와주는 일이 정말 많았다. 시험 기간에 기숙사에서 밤을 새우면서 다 같이 공부할 때는 돌아가면서 20~30분씩 바닥에서 쪽잠을 자고 서로 깨워주었다. 친구들끼리 영어 모의고사 풀이 모임을 만들어 모르는 문제를 서로 알려주는 식으로 공부를 했다.

노래 제목과 작곡가 이름을 맞추는 음악 수행평가를 할 때는 음악을 듣고 답을 적을 수 있게 하는 웹사이트를 만들어 전교생에게 공유한 친구도 있었다. 따로 부탁하지 않아도 친한 친구들끼리는 공부 자료를 자유롭게 주고받았고, 보답 없이 자료를 그냥 주는 경우도 정말 많았다. 수능이 가까워서는 서로 다른 인터넷 강의를 듣는 친구와 각자 듣는 강사의 출제 포인트를 교환하기도 했다.

자기소개서를 쓸 때는 선생님들보다 친구들에게 첨삭을 더 많이 받았다. 여름방학이 끝나고 수시 원서를 접수하기 전까지 다들 정신없이 자기소개서를 썼고, 나는 10번 넘게 자기소개서를 고쳤다.

자기 글을 오래 보다 보면 한계가 온다. 내가 쓴 것이라 문제가 잘 보이지도 않고, 더 이상 어떻게 고쳐야 할지 생각도 나지 않는다. 선생님들은 추천서도 써주셔야 하고 여러 명의 자기소개서를 첨삭해야 하기 때문에 생활기록부까지 살펴보면서 꼼꼼하게 의견을 주시기 어렵다.

그래서 나와 내 친구들은 자기소개서를 쓰는 기간에 야간자율학습 시간 동안 서로 돌아가면서 첨삭을 해주었다. 책상을 일렬로 배열해놓고 1교시에는 자기 노트북 앞에 앉아서 자신의 자기소개서를 쓰고, 2교시부터는 노트북은 그대로 책상에 둔 채 서로 자리를 옮겨가면서 다른 친구의 자기소개서를 첨삭했다.

친구들의 자기소개서를 첨삭하면서 머리를 식힐 수 있고, 친구들의 피드백도 받을 수 있다. 그 덕분에 같은 문장이라도 더 내용 전달이 잘되도록 꼼꼼하게 수정할 수 있었다. 이런 식으로 거의 2주 정도

서로의 자기소개서를 검토했다. 몇몇 친구들과는 생활기록부까지 교환해서 보면서 어떤 소재를 더 넣고 뺄지 함께 고민했다. 선생님들이나 첨삭 학원만큼, 어쩌면 그 이상으로 도움을 받았던 것 같다.

이런 경험들에 비춰보면 공부를 할 때나 대학 입시를 준비할 때 친구는 정말 큰 힘이 되어주는 존재인 듯하다. 심리적, 정서적으로 안정감을 줄 뿐만 아니라 서로의 입시에도 큰 도움을 주고받을 수 있다.

공부하면서 연애해도 될까?

일단, 나는 공부하면서 연애를 해본 적이 없다. 연애도 해본 적이 없는 사람이 왜 어떻게 공부와 연애와의 관계를 왈가왈부하냐, 말도 안 된다고 생각한다면 이번 이야기는 넘기길 바란다.

연애를 해본 적은 없지만 공부를 하면서 누군가를 좋아해본 적은 있다. 초·중·고 모두 있었던 경험이고, 성적에 영향도 끼쳤기 때문에 이렇게 운을 떼는 것이다. 나에게 가장 많이 들어오는 질문 중 하나이기도 하다. "공부할 때 연애해보셨어요?" "공부할 때 연애해도 된다고 생각하세요?"라는 질문이다.

공부할 때 연애를 하는 것에 대해서는 여러 속설이 있다. 우리 학교에서는 교내에서 연애를 하면 여자아이는 입시에 성공하고, 남자

아이는 입시에 실패한다는 소문이 있었다. 또 우리 학교는 연애 금지였다. 지금은 규정이 바뀌기는 했지만 공부에 방해되는 요인을 제거해야 한다는 이유에서였다. 나는 중학교 때 좋아하던 친구에게 고백했을 때 "공부 때문에 연애 안 하기로 했다"는 이유로 차였었다.

한때 'SKY캐슬'이라는 드라마가 유행이었던 적이 있다. 한국의 입시 경쟁을 실감나게 충격적으로 잘 표현했다고 호평을 받았던 드라마다. 정작 그 드라마가 방영될 때 나는 고3으로 올라가는 진짜 수험생이었고, 겨울방학이라 수능 대비 기숙형 윈터스쿨에 들어가서 전혀 드라마 내용을 몰랐다. 입시가 끝나고 나서야 정주행을 했는데, 직접 대학교 입시를 거치고 보니 감회가 남달랐고 생각보다 현실적인 묘사에 놀랐다.

이 드라마에서 예서는 서울의대에 간절히 가고 싶어 하는 학생이다. 모든 시험에서 만점을 받아야 직성이 풀리는 성격으로, 서울의대 진학에 병적으로 집착한다. 그런 예서도 통제할 수 없는 게 누군가를 좋아하는 마음이었다. 예서의 입시 코디네이터로 나오는 김주영 선생은 그런 예서의 마음을 잘 다스려야 공부에 집중하게 할 수 있다고 조언한다.

누군가를 좋아하는 마음은 정말 자연스러운 것이다. 그만두고 싶어도 안 되는 게 사람 감정이고, 더욱이 '공부해야 한다'는 막연한 생각만으로는 누군가를 좋아하는 걸 그만두기가 쉽지 않다. 그러다 보면 '나는 연애하면서도 공부를 잘 할 수 있을 것이다'라는 생각을 하게 되고, 도서관에서 함께 공부하는 두 사람을 떠올리게 된다. 공부와 연애 두 마리 토끼를 모두 잡을 수 있을 거라고 의지를 다지고는 한다.

얼마나 좋아하는지에 따라 다르겠지만, 나는 공부에 방해가 될 정도로 좋아하는 사람에게 에너지와 관심을 쏟은 적이 있다. 그 바람에 당시의 내신 성적은 뚝 떨어졌고, 다음 학기에는 겨우 성적을 올렸지만 두 학기 성적을 평균 내니 그리 높은 수치가 아니었다.

누군가를 좋아하거나 연애를 시작하면 일상이 뒤바뀐다. 원래 지속해오던 공부 습관을 쓸 수 없는 상황이 오고, 좋아하는 상대에 맞춰서 내 공부 시간을 조절하게 된다. 결론적으로 연애 감정은 굉장히 소모적이다. 육체적 · 정신적으로 힘들기 때문에 당연히 공부에 영향을 줄 수밖에 없다.

일반화할 수는 없지만, 나의 경우 결국 연애 감정은 공부에 방해가 되었다. 내 경험뿐만 아니라 친구들을 보면서 느낀 결과이다. 일부의 예시를 바탕으로 도출한 결론이라서 틀릴 수도 있다. 대한민국 어딘가에서는 연애를 하면서 공부까지 잘하는 학생이 있을 수도 있다.

하지만 우리는 공부와 연애를 어떻게 균형 있게 지속해야 하는지 배운 적이 없다. 공부에 집중이 안 될 수도 있으니 연애를 하지 말라고 수도 없이 들어왔을 뿐이다. 그러니 연애가 공부에 방해된다는 사실이라도 확실히 알고 있으면 좋겠다.

앞서 얘기했듯이 누군가를 좋아하는 마음은 정말 자연스러운 것이다. 그 감정을 억누르는 게 훨씬 스트레스일 수 있다. 내가 누군가를 좋아하고 연애할 수 있다는 것을 받아들이는 것 자체로도 안심이 될 수 있다. 결국 답은 본인만이 낼 수 있다.

☆☆☆
부모님과의 갈등,
어떻게 대처해야 할까?

수험생활 동안 부모님께서 정말 많은 배려를 해주셨다. 솔직히 나조차도 내 성적과 입시에 대해 확신이 없었던 적이 많았는데 부모님께서는 확신을 가지고 나를 지원해주셨던 것 같다.

엄마는 내가 고등학교에 입학할 때부터 꾸준히 대학 입시 전형에 대해 공부했다. 친구 엄마들이 서울대학교는 내가 아니라 엄마가 가겠다고 농담할 정도였다. 그만큼 나보다 대학 입시 전형을 잘 알고 계셨다. 엄마는 입시에 도움이 될 만한 정보를 준비해뒀다가 매주 주말 기숙사에서 돌아오는 나에게 건넸다. 그렇게 열심히 챙겨주신 자료인데 귀찮다는 핑계로 열심히 읽어보지 않아서 죄송할 따름이다.

아빠는 내가 가평에 있는 학교와 대치동에 있는 학원, 우리 동네에 있는 독서실을 왔다 갔다 하면서 공부를 할 때 몇 시간이 걸리는 거리를 불평 없이 운전해주셨다. 보통 1시간에서 1시간 반 정도 걸리는 거리여서 아빠는 왕복 2~3시간 동안 운전해야 했다.

대중교통을 타겠다고 말씀드려봤지만 그러면 피곤하고 시간 낭비일 거라고 계속 태워다주셨다. 노래방에 못 가서 스트레스를 받았던 나머지, 차 안에서 진성으로 노래를 따라부르며 소리를 질렀는데도 다 이해해주셨다. 오히려 같이 노래를 부르시기도 했다.

내가 무엇보다 부모님께 감사드리는 건 1년 동안 내게 화를 거의 내지 않으셨다는 점이다. 엄마나 나나 서로 할 말은 꼭 해야 하는 성격이라서 고등학교 2학년 때까지만 해도 다툼이 꽤 있었다. 고등학교 3학년이 된 후에는 확실히 더 예민해지고 짜증이 많아졌다. 그런데도 평소보다 부모님과 부딪히는 경우가 없었다. 내가 학원에서 돌아와서 아무 말 없이 방에 바로 들어가버릴 때도, 지금 생각해보면 별것 아닌 일로 화를 낼 때도 다 받아주셨다.

사실 원래부터 부모님께서는 내 성적에 대해 크게 왈가왈부하지 않으셨다. 내가 시험 점수를 먼저 말하기 전까지는 꼬치꼬치 캐묻지도 않았다. 나 스스로 공부 욕심이 있고 자존심도 있다는 걸 알아서 배려해주신 것이다.

성적을 잘 받으면 부모님께 바로 말씀드렸지만, 잘 못 받으면 조금 시간을 둔 후에 말씀드렸다. 부모님은 내가 성적을 잘 못 받으면 스트레스를 정말 많이 받고, 부모님께 죄송해한다는 것을 잘 알았기 때문에 굳이 먼저 연락하지 않았다. 나중에 여쭤보면 연락이 오지 않아서 걱정했다고 할 뿐이었다.

수험생이 된 이상 부모님과의 갈등은 피할 수 없다. 희망 대학과 학과를 정할 때, 성적이 잘 나오지 않을 때, (부모님 눈에는) 공부하지 않을 때 등 얼마든지 다툴 일은 많다. 나도 정말 크게 엄마와 싸운 적이 있다. 사실 일방적으로 내가 혼난 일이었다.

수험생이라면 나처럼 부모님께 일방적으로 혼나거나 크게 다툰 적이 한 번쯤은 있을 거라고 생각한다. 이런 일을 겪으면 감정 소모도 심하고 스트레스도 많이 받게 된다. 내 주변에도 부모님과의 갈등 때문에 힘들어하는 친구들이 꽤 있었다. 부모님과 원하는 학과가 다르거나, 부모님이 과도하게 간섭한다고 느끼거나, 그냥 모든 게 귀찮아져서 다투게 될 수도 있다.

기숙형 재수학원이나 학교 기숙사에서 아예 나오지 않고 연락도 받지 않는다면 이런 갈등을 피할 수도 있겠지만 솔직히 이건 불가능에 가깝다. 그렇다면 갈등을 줄일 방법을 찾아야 한다.

수험생 부모님께 드리는 당부

지금까지는 수험생들을 위한 조언이었지만, 여기서만큼은 수험생 부모님들께 부탁을 하나 드리려고 한다. 수험생활 동안 학생들은 친구와 가족의 영향을 많이 받는다. 친구는 같은 상황에 있기 때문에 동병상련의 심정으로 서로의 고충에 공감해줄 수 있는 반면, 누군가를 완전히 위로해주고 상담해줄 여유는 사실 없다. 따라서 수험생들은 부모님을 포함한 가족에게 가장 많이 의지할 수밖에 없다.

그래서 부모님이 수험생인 자녀를 믿어주는 것이 중요하다. 혹시 의심이 생기고 불안하더라도 절대 티 내지 말고 의연한 모습을 보여주셨으면 한다. 자녀의 대학 입시를 앞두고 부모님이 불안해하는 건 당연한 감정이다. 하지만 당사자인 수험생은 그보다 훨씬 불안하다. 이미 긴장하고 있는 자녀에게 부모님의 불안감까지 전달된다면 내색은 못 해도 큰 부담감을 느끼게 된다.

앞서 설명한 것처럼 우리 부모님도 나를 전적으로 신뢰하고 지지해주시긴 했지만, 분명 자식 공부에 욕심이 있으셨다. 내 의견도 묻지 않고 이런저런 학원과 공부 캠프 등에 등록해서 내가 크게 화를 낸 적도 있고, 특목고 입시에 대해 꼼꼼히 알아보신 것도 다 나를 공부시키기 위함이었다. 하지만 이런저런 갈등을 겪는 동안 우리는 서로를 배려하는 법을 깨달았다. 부모님은 내가 스스로 깨닫고 공부하기를 기다려주셨고, 나는 부모님이 걱정하지 않게 열심히 공부하려고 노력했다.

부모님이 수험생의 노력은 무시하고 성적과 생활기록부라는 결과만 보고 질타하고 더 열심히 하라고 채근한다면 수험생의 마음은 더 조급해진다. 그러니 자녀가 어떻게 노력했는지 그 과정을 한 번이라도 봐주셨으면 한다. 또 확신이 없더라도 티 내지 말고, 믿고 있다는 사실을 느끼도록 해주셨으면 좋겠다. 혹시 고치거나 보완했으면 하는 부분이 있다면 짜증 없이 조심스레 제안해주시면 된다.

수험생은 이미 공부로 인해 많은 스트레스를 받고 있다. 따라서 공부 외의 스트레스 요인은 제거하는 게 공부에 유리할 수밖에 없다. 스트레스를 덜 받도록 배려해주는 것도 좋지만, 공부에서 오는 스트레스가 있다는 사실 그 자체를 이해해주는 것만으로 힘이 되기도 한다. 결국 수험생과 부모님의 관계가 믿음과 배려로 지속될 때 수험생활은 좀 더 수월해진다.

Chapter 9

성적을 점프시키는
시간 활용의 기술

✦✦✦
공부 시간이 길수록
성적이 좋을까?

내가 공부하면서 항상 걱정해왔던 건 내 공부 시간이었다. SNS에서 공부 잘하는 사람들이나, 주변에서 전교 1등이나 전교권을 차지하는 학생들을 보면 하루에 15시간 이상 공부하는 것이 대부분이다. 먹고 자는 데 필요한 최소한의 시간 외에는 모두 공부하는 걸 보면서 대단하다는 생각도 들었다.

내가 정시 대박을 기대하지 않았던 또 하나의 이유가 바로 이것이다. 나보다 더 많은 시간을 공부에 쏟는 친구들이 있는데, 할 수 있는 만큼만 공부하는 내가 만점을 받으리라고는 생각하지 않았다.

공부는 흔히 자신의 한계를 뛰어넘고, 어떻게든 최선을 다해야 성공할 수 있는 것이라고 알려져 있다. 하지만 나는 내가 생각하는 '최선'에 항상 제동을 걸었다. '조금 더 해보자'라는 생각보다는 '이 정도면 최선을 다했다'고 생각한 적이 더 많다. 물론 열심히 하지 않았다는 것은 아니다. 계획한 것은 무조건 지키고자 노력했지만, 그 이상을 하지 않으려 했다는 것이다.

내 기억상 내가 수험생활 동안 최대로 공부해본 시간은 하루 13시간 정도이다. 대부분의 날은 10시간 내외 정도 공부했다. 3학년 여름방학 전에, 내신 공부를 할 때는 이 정도도 되지 않았다. 평일에는 학교 수업을 듣느라, 주말에는 학원 수업을 듣느라 하루 공부 시간이 5~6시간 정도였다.

그래서 그런지 난 고등학교 때 한 번도 전교 1등을 해본 적이 없다. 전 과목은 물론이거니와 단 한 과목에서조차 1등을 해본 적이 없다. 우리 학교 전교 1등 친구는 며칠 동안 밤을 새우면서 시험 공부를 하고, 아픈데도 참고 공부를 하느라 응급실에 실려 가기도 했다. 그 친구는 3년 내내 거의 모든 과목에서 압도적인 1등을 했고, 모의고사 성적도 좋았다. 9월 모의고사에서는 전 과목 통틀어 1개만 틀렸다.

그래서 수능에서도 당연히 비슷한 결과가 나올 거라고 생각했다. 그 친구는 만점을 받을 자격이나 능력이 충분하다고 생각했고, 나는 내가 원하는 학교에 갈 정도의 성적만 나와도 만족할 거라고 생각했다. 결론적으로, 나와 그 친구는 둘 다 원하는 결과를 이루었다.

즉 몇 시간 공부해야 효과적인지는 사람마다 다르다.

중요한 건 시간의 양이 아니다

하루는 24시간이나 되는데, 왜 우리는 그 하루의 반인 12시간도 공부하기 힘들까? 평균적인 수험생을 기준으로 간단한 산수를 해보자. 6시간 정도 자고, 세끼 식사를 하는 데에 2시간 정도 걸리고, 하루 중 이동 시간 등 쓸 수밖에 없는 시간을 통틀어 1시간이라고 한다면 우리가 쓸 수 있는 시간은 15시간 정도이다.

즉 숫자만 본다면 우리는 12시간보다 훨씬 더 공부할 수 있다. 하지만 막상 직접 공부해보면 15시간을 채우는 것은 정말 힘들다. 쉬지 않고 열심히 공부했다고 생각한 날에도, 막상 타이머로 잰 실제 공부 시간은 12시간을 넘지 못하는 경우가 많다. 도대체 내가 언제 얼마나 시간을 허비했는지 모르겠고, 그렇게 낭비한 시간이 무려 2~3시간 이라는 생각에 좌절하기도 한다.

이렇게 비는 시간이 많은 하나의 이유는 공부를 하다가도 학생들이 무의식적으로 공부와는 거리가 먼 행동을 자주 하기 때문이다. 공부할 책을 가지러 가거나, 자리를 이동하거나, 잠시 휴식을 취하거나 하는 행동 말이다. 10분, 5분, 심지어는 2~3분 정도밖에 안 걸리는 작은 행동들이 모여서 결국 몇 시간의 공부 공백을 만들어낸다.

수험생이라면 공부만 열심히 해야 한다고 생각하는 사람들이 많다. 특히 현역 학생들은 1년 내내 '열아홉 살'보다는 '고3'으로 불리게 된다. 그런 만큼 수험생들은 하루 동안 공부하지 않은 시간에 대해 죄책감을 느낄 수밖에 없다. 공부한 시간이 너무 적다고 느껴져서 조급해지기도 할 것이다.

나 또한 그런 마음 때문에 공부 시간을 늘리려고 많은 노력을 했었다. 그래서 기숙사에서 소등한 이후에 화장실에서 랜턴을 켜가면서 새벽까지 공부한 적도 있다. 하지만 내가 생각하는 최선의 시간을 넘어서까지 공부하면 할수록 그다음 날의 공부 패턴이 망가졌다. 밤을 새워 공부를 하면 다음 날 졸려서 공부하지 못하는 일이 반복되었다.

내일의 공부 효율을 망치지 않으려면

중요한 건 공부한 시간의 양이 아니라 내게 주어진 시간을 확실히 파악하고, 자기 자신에게 관용을 베푸는 것이다. 예를 들어, 두 학생이 같은 집중력과 강도로 공부했다고 가정했을 때, 7시간 공부한 학생과 8시간 공부한 학생 중 누가 더 잘 공부한 것일까?

누구든 8시간 공부한 학생이라고 할 것이다. 하지만 첫 번째 학생은 자신이 쓸 수 있는 7시간 중 7시간을 공부했고, 두 번째 학생은 자신이 쓸 수 있는 12시간 중 8시간을 공부했다는 가정이 추가된다면, 누가 더 열심히 공부한 것일까? 공부 시간을 가늠해볼 때 중요한 것은 순수한 공부 시간이 아니라 내게 주어진 전체 시간과 실제 공부 시간의 비율이다.

자신이 '능력껏' 확보할 수 있는 시간을 정확히 알아야 한다. 앞서 언급했던 쓸 수밖에 없는 시간을 제외하고 나서, 한두 시간 정도의 공부 공백 또한 자신에게 허용해줄 수 있는 관용도 베풀 수 있어야 한다.

결국 중요한 것은 공부 효율이다. 공부에 시간을 아무리 많이 쓴다고 하더라도 온전히 집중하지 못한다면 소용이 없다. 새벽에 공부를 하면 공부 시간을 늘릴 수 있고 공부가 잘될 수 있지만, 그것은 내일의 공부 시간을 오늘로 당겨서 쓰는 것밖에 되지 않는다. 결국 다음 날의 공부 효율은 망가질 것이다.

수능은 장기전이다. 학생들은 오늘 하루의 공부 시간만 고려해서는 안 된다. 컨디션이 나쁘면 하루 정도는 공부 시간이 적을 수도 있고, 공부가 특별히 잘 되는 날도 있을 수 있다. 다른 사람들보다 적은 시간 공부하더라도 꾸준히 공부하는 습관을 들이는 것 자체가 중요하다. 이게 어렵다면 앞서 언급한 시간이 표시된 10분 단위 플래너를 활용해보기 바란다.

☆☆☆

마지막 두 번의 방학을
놓치지 마라

방학은 한 학기 동안의 학교생활로 지친 몸과 마음을 쉬는 시간이다. 하지만 공부를 완전히 놓아서는 절대 안 된다. 전 학기에 아쉬웠던 점을 보완하고 다음 학기를 미리 대비함으로써 방학을 효율적으로 보내야 한다. 다음 학기 수학 선행 학습을 하거나 응용 문제를 미리 풀어보는 것도 좋고, 지난 학기 영어 내신에서 독해력이 부족해 점수가 떨어졌다면 방학 때 독해력을 높이기 위한 학습을 해야 한다.

하지만 되돌아보면 난 항상 방학 때 제대로 공부한 적이 거의 없었다. 학원을 다니기는 했지만 일주일에 한두 번만 갔고 숙제 양이 많지도 않았다. 학원 숙제 외에는 전혀 공부하지 않았다. 그래서 방학이 끝날 때 '다음 방학 때는 계획 세워서 열심히 공부해야지'라는 생각을 매번 했다. 하지만 다음 방학도 상황은 비슷했다.

방학 때 열심히 공부를 안 한 탓에 학기 중에 더 고생하는 건 당연했다. 2학년 여름방학에는 나름 학교 기숙사에 남아 공부를 해보려고 했지만, 저녁에 기숙사에 들어오면 친구와 영화를 보고 수다를 떨기 바빴다.

이랬던 나도 수능 전 딱 두 번은 공부로 알찬 방학을 보냈다. 2학년에서 3학년으로 올라가는 겨울방학과 3학년 여름방학이다. 이 두 방학이 특히 중요한 건, 이때가 대학 입시를 직접적으로 준비하는 시기이기 때문이다.

많은 학생들이 2학년 겨울방학에 수능 공부를 본격적으로 시작하고, 3학년 여름방학에는 수능 공부를 계속하는 동시에 수시를 준비하는 학생들은 자기소개서를 적고 면접학원에 다니기도 한다. 이 시기를 놓쳐버리면 다른 수험생들보다 훨씬 뒤처지게 되고, 학기 중에 이 차이를 극복하기란 거의 불가능에 가깝다.

나는 나름대로 두 방학을 잘 보냈다고 자부하지만, 여전히 '이런 공부를 했다면 학기 중에 더 편했을 텐데'라는 생각이 종종 들 만큼 아쉬움과 후회가 남았다. 그러니 지금 수능을 준비 중인 수험생이라면 이 두 방학을 입시의 '골든타임'이라고 생각하고 효율적이고 알차게 보냈으면 한다.

나는 이 두 방학을 각기 사뭇 다른 생활을 하면서 보냈다. 내가 의미 있게 보낸 두 번의 방학 이야기가 방학을 어떻게 보내야 할지 고민인 학생들에게 조금이나마 도움이 되었으면 한다.

겨울방학, 기숙학원

겨울방학에는 기숙학원 윈터스쿨에 들어갔다. 핸드폰과 노트북을 포함한 모든 전자기기를 쓸 수 없었다. 학교처럼 6~7교시까지 수업을 듣고, 저녁을 먹은 뒤에는 11시까지 자율학습을 했다. 자습할 때 졸거나 잠을 자면 바로 생활관리 선생님들이 주의를 주셨다.

내가 다녔던 학원에서는 인터넷 강의를 거의 못 듣게 했다. 5시쯤에 수업이 끝나고 이어서 인터넷 강의를 2~3시간 들으면 사실상 자습 시간이 거의 없다는 이유에서다.

공휴일이나 주말에도 특별한 사유 없이는 외출할 수 없고, 일주일에 한 번씩 전화를 할 수 있었다. 자습 시간에는 사전 예약을 통해 교과 선생님들이나 조교 선생님들께 질문할 수 있었다. 매주 보는 모의고사 점수를 지표로 무슨 공부를 더 할지 담임 선생님과 상담하기도 했다.

기숙학원의 장점

기숙학원의 장점은 역시 제대로 공부할 수 있는 환경이 잘 갖춰져 있다는 것이다. 공부의 가장 큰 방해물 중 하나인 핸드폰이 없고, 학원에 들어온 친구들 대부분 열심히 하려고 마음먹고 들어온 터라 자습 분위기가 대체로 좋았다. 그래서 자극을 받고 동기 부여가 되기도 했다.

첫 번째 모의고사 때 우리 반에서 한 친구가 영어를 100점 받았는데, 그 애가 다른 친구들을 무시하고 너무 심하게 자랑을 하고 다녀서 조금 화가 난 나머지 영어 과목을 전보다 더 열심히 공부했다. 덕분에 그 후로 계속 영어에서 100점을 받았다. 생활관리 선생님들이 수시로 플래너를 확인하고 피드백해주기 때문에 비는 시간 없이 꼼꼼히 공부할 수도 있었다.

특히 정시 전형을 잘 모르는 학생이라면 정말 많은 도움을 받을 수 있다. 내가 다닌 윈터스쿨에서는 일주일에 한 번 정도는 정시 전형에 대한 정보를 전해주는 설명회를 열었다. 나는 윈터스쿨에 들어가기 전까지 '기출문제'가 뭘 가리키는 건지도 몰랐기 때문에 담임 선생님께 조심스럽게 기출문제가 도대체 뭐냐고 물어보기도 했다.

윈터스쿨 선생님들은 재수종합반을 수년씩 지도해온 수능 전문가들이다. 그래서 모르는 걸 물으면 자세하고 친절하게 알려주신다. 질문 시간에는 특정 문제에 대한 질문뿐 아니라 전체적인 공부법에 대한 조언도 받을 수 있다. 나는 여러 선생님께 찾아가서 어떤 과목을 어떻게 공부해야 할지 아주 세세하게 설명을 들었고, 덕분에 고3 정시 학습 계획을 체계적으로 짤 수 있었다.

공부 패턴을 만들기에도 윈터스쿨은 최상의 환경이다. 사감 선생님들이 지정된 시간에 일어날 수 있도록 깨워주시고, 식사 시간과 수업 시간이 일정하다. 밤 11시에 기숙사에 가는데 기숙사 내에서는 공부하거나 수다를 떨지 않고 바로 잠들 수 있도록 사감 선생님들이 지도하셨다. 수능은 꾸준히 공부를 유지하는 싸움이기 때문에 이때 제대로 공부 습관을 들인다면 큰 도움이 된다.

기숙학원의 단점

단점은 학교와 분위기가 거의 비슷하다는 것이다. 초반에는 다들 처음 만났고 어색하기 때문에 떠들지도 않고 공부에만 집중했는데, 2주 정도 지나자 다들 친구를 사귀어서 같이 다니기 시작했다. 그때부터 반 분위기가 어수선해졌다. 식사 시간에 대개 단어를 외우거나 빨리 밥을 먹고 교실에 앉아 공부하던 학생들이 몇 주 지나서는 새로 사귄 친구와 수다를 떨면서 밥을 먹고 여유롭게 산책을 했다.

이렇게 잠깐씩 쉬는 게 나쁘다는 건 아니다. 오히려 스트레스를 풀 수 있는 좋은 기회다. 문제는 친구들과 보내는 시간이 공부 시간을 침범할 때 발생한다. 친구가 부르면 공부하던 문제집을 놓고 복도로 나가는 학생들이 시간이 갈수록 많아졌다. 또 자습 시간에 화장실에 모여 몇 시간이고 떠드는 학생들도 있었다. 본인만 공부를 안 하면 신경이 안 쓰이겠지만 말소리가 화장실 문을 넘어 교실까지 들어오면서 다른 친구들에게도 방해가 되었다.

나도 같이 밥을 먹으러 가는 무리는 있었지만 무조건 같이 다녀야 한다는 강박을 가지지는 않았다. 나는 대부분 10분 만에 밥을 다 먹고 먼저 교실로 올라가서 책상 앞에 앉았다. 몇 주 정도 지난 후에는 같은 반이었던 친구들과 많이 친해졌지만, 자연스럽게 친해진 것이지 친해지려고 굳이 노력하진 않았다. 오히려 거리를 둔 편이었다.

개인의 의지에 따라 공부만 열심히 할 수도 있고, 반대로 공부를 전혀 안 하게 될 수도 있다는 말이다. 사실 핸드폰이 없을 뿐 시간을 보낼 방법은 많다. 생활지도 선생님들이 공부 내용을 일일이 확인하지는 않기 때문에 일기를 쓰거나 하다못해 노래 가사를 노트에 적고 있어도 막지 않는다. 나도 너무 공부가 안 될 때는 고등학교 친구들에게 편지를 쓰기도 했다. 이처럼 기숙학원이라고 해도 친구와 하루종일 떠들 수 있고, 심하면 그냥 멍하니 있어도 된다.

나는 3학년 1학기에 학교에서 주로 내신 공부를 하게 되면 수능 공부할 시간이 부족할 거라는 위기감이 있었다. 그래서 윈터스쿨에 들어가기로 마음먹었고 거기서 제대로 수능을 공부해야겠다는 의지가 강했다.

실제로 윈터스쿨에 있었던 30여 일 중 28일 정도는 내가 가장 먼저 등교하여 우리 반 형광등과 히터를 켰다. 제일 일찍 나와서 밥을 빠르게 먹고 아침 단어 시험을 준비했다. 단어 시험이 없는 날에는 그 전날 공부했던 내용을 복습하거나 당일 배울 내용을 예습했다.

인터넷 강의를 듣지 못하는 것은 나에게 생각보다 치명적이었다. 나는 3학년 때 사회탐구 과목을 새로 정해서 한국지리를 개념부터 시작해야 했는데, 기숙학원에 있는 동안 개념 강의를 전혀 듣지 못했다. 3학년 1학기에 들어가서는 내신 챙기기에 바빠서 인터넷 강의를 못 들었고, 결국 여름방학에 겨우 개념 강의를 시작해서 굉장히 힘들었던 기억이 있다.

많은 수험생들이 인터넷 강의 선생님 한 명의 강의 커리큘럼을 수험생활 1년 동안 쭉 듣는다. 그 커리큘럼은 대부분 겨울방학 개념 강의부터 시작하기 때문에 방학 내내 인터넷 강의만 듣는 수험생들도 많다. 내가 다닌 윈터스쿨은 인터넷 강의를 거의 못 듣게 했지만, 학생의 자율에 맡기는 학원도 있다고 하니 잘 알아보고 선택하기를 바란다.

기숙학원은 공부하기 정말 좋은 환경과 분위기를 조성해준다. 하지만 결국 본인이 제대로 공부할 의지가 없으면 돈만 버리고 나올 수도 있다. 나는 개인적으로 기숙학원에서 충분히 열심히 공부했고, 조금 과장해서 우리 반에서 가장 열심히 했다고 자부할 수 있다. 그래서 이때 겨울방학은 정말 의미 있었다.

여름방학, 관리형 독서실

여름방학에는 학원이 합쳐진 형태의 관리형 독서실을 이용했다. 모의고사 성적에 따라 한두 수업 정도 현장 강의를 필수적으로 들어야 하기는 했지만, 하루 대부분의 시간 동안 자율학습을 할 수 있었다.

생활지도 선생님들이 수시로 돌아다니면서 공부를 하지 않거나 조는 학생들에게 주의를 주었고, 자습 시간은 수능 시간표에 맞춰져 있었다. 담당 선생님이 한 분씩 계셔서 학습에 대한 조언을 받을 수 있었다. 핸드폰은 정해진 장소에 수납해야 했지만 노트북은 인터넷 강의를 들을 때 사용할 수 있었다.

독서실의 장점

장점은 높은 자율성이다. 정해진 수업에 얽매이지 않고 내가 하고 싶은 공부를 그때그때 할 수 있다. 덕분에 나는 관리형 독서실에서 보낸 한 달여 동안 한국지리 과목을 중점적으로 공부하면서 개념 강의와 응용 강의를 모두 들을 수 있었다. 만약 겨울방학 때처럼 기숙학원에 다녔다면, 너무 사회탐구 과목에만 치중하지 말라는 충고를 계속 들었을 것이다.

관리형이지만 어쨌든 자율 독서실이기 때문에 스케줄 표만 제출하면 학원도 자유롭게 다닐 수 있었다. 그래서 난 방학 때 수학, 한국지리, 사회문화 학원을 다니면서 문제 풀이 실력을 보완할 수 있었다.

생활지도 선생님들의 도움을 많이 받을 수 있었고, 환경이 쾌적하기도 했다. 방학에는 독서실에서 급식 업체를 불러주기 때문에 편하게 식사를 할 수 있었다. 학생마다 큰 책장과 넓은 책상을 제공받기 때문에 공부하기 좋은 환경이었다. 집중이 되지 않으면 장소를 바꾸는 것도 자유롭고 선생님들과 공부에 대한 상담을 하기도 좋았다. 특히 수시 준비를 하는 학생들은 각자 담당 선생님들에게 생활기록부, 자기소개서에 대해 상담받을 수 있었다.

독서실의 단점

단점 역시 높은 자율성이다. 의무적으로 독서실에 와야 하는 건 아니고, 부모님의 허락만 받는다면 조퇴를 할 수 있어서 자칫 공부에 소홀해질 수도 있다. 그리고 윈터스쿨과 비교해볼 때 상대적으로 선생님들이 엄격하지 않았다. 쉬는 시간에는 친구들끼리 떠드는 소리 때문에 꽤 소란스럽고, 독서실 주변에 식당이나 카페가 많아서 딴짓을 하기 쉽다.

또 자율성이 높은 만큼 학생 스스로가 적극적이어야 한다. 자율학습 중심의 독서실이기 때문에 선생님이 모든 학생 개개인을 다 관리하고 꾸짖지 않는다. 도움을 받으려면 상담을 직접 신청해야 하고 윈터스쿨처럼 수시로 설명회를 제공하지도 않는다.

윈터스쿨, 관리형 독서실 모두 좋은 환경이다. 혹은 집에서 공부하거나 일반 독서실, 스터디카페에서 공부해도 좋다. 자율성과 강제성, 인터넷 강의와 자체 커리큘럼 등 본인이 중요하게 생각하는 조건이 무엇인지 판단해서 자기에게 맞는 공부 환경을 찾길 바란다. 하지만 무엇보다도 어떤 환경이든 자신의 의지가 가장 중요하다는 사실을 잊지 말아야 한다.

✩✩✩
수면 관리와
틈새 시간 활용에 대해

수험생이 되는 순간, 이전보다 훨씬 공부량이 많아진다. 왠지 공부 시간을 예전보다 늘려야 할 것 같고, 잠을 줄여 공부해야 할 것 같은 조급함이 들기 마련이다. 하지만 우리의 몸은 수험생이 되었다고 해서 갑자기 강해지지 않는다. 오히려 점점 약해지는 경우가 많다.

예전보다 책걸상에 앉아 있는 시간이 늘어나고, 밥을 거르면서 공부하면 영양이 부족해지기도 한다. 게다가 스트레스를 받는다는 것 자체가 몸에 굉장한 무리를 준다. 이 상황에서 잠을 줄이면 안 그래도 악화된 건강에 기름을 붓는 것이다.

여러 번 말했지만 수능은 장기전이다. 지금 건강을 안 챙기고 잠을 줄여서 공부하면 미래의 나에게 피해가 간다. 수험생활 중에는 정신적인 번아웃이나 슬럼프와 함께 신체적인 번아웃도 올 수 있다. 자신을 혹사시키면서 공부한다면, 너무 기력이 없고 피곤해서 펜을 들 수 없을 정도로 힘든 경우가 반드시 올 것이다. 특히 수능 직전에 신체적으로 지친다면 치명적일 수 있다.

나는 잠이 많아서 아침에 일어나는 걸 굉장히 힘들어했고, 종종 지각도 했다. 전날에 잠을 조금이라도 덜 자면 공부하는 도중에 졸다가 잠들어서 자습 시간 1~2시간을 그대로 낭비했다. 결국 잠을 줄이기보다는 적당히 밤잠을 푹 자는 것을 선택했다.

누구도 내가 얼마나 잠을 자야 '적당히' 잔 것인지 바로 알 수 없기 때문에 실험을 해보는 것이 좋다. 나는 8시간, 6시간, 5시간 이렇게 수면 시간을 조절하면서 내게 가장 잘 맞는 취침 시간이 6시간이라는 것을 찾았다. 그래서 1시에 취침하고 7시 정도에 기상하는 습관을 들였다.

졸면서 세 시간을 어영부영 공부하는 것보다 확실히 집중해서 한 시간을 공부하는 것의 효율이 훨씬 좋다. 밤잠을 충분히 자되, 푹 잘 수 있도록 스마트폰 등의 방해 요소는 모두 제거하는 것이 바람직하다.

최소한 자야 하는 밤잠 시간을 확보하고, 필요하다면 공부 중간중간 쪽잠을 자는 것도 나쁘지 않다. 대책 없이 엎어져서 자버린다면 순식간에 1~2시간이 지나갈 수도 있기 때문에 나는 길면 20분 정도 자려고 노력했다.

스스로 일어나는 건 힘들었기 때문에 유튜브에 올라와 있는 쪽잠

전용 영상을 활용했다. 핸드폰 알람은 이어폰 밖으로도 들려서 독서실이나 학교 교실에서 자습할 때 쓸 수 없는데, 이 영상은 이어폰 안으로만 알람을 울려주기 때문에 자습할 때 쓰기 좋다.

틈새 시간 활용의 핵심은 '부담 없는 공부'

티끌 모아 태산이라고, 공부 잘하는 학생들은 자투리 시간을 아주 효율적으로 활용한다는 말을 다들 귀에 못이 박히게 들었을 것이다. 일단 하루 중 자투리 시간이 언제인지 아는 게 중요하다. 수업 시간에 수업을 듣지 않고 다른 공부를 하는 것은 자투리 시간을 확보하여 잘 공부하는 것이라 할 수 없다. 수업 시간에는 당연히 수업에 집중을 해야 한다.

자투리 시간은 수업과 수업 사이 쉬는 시간, 교실에서 급식실로 걸어갈 때나 학교에서 학원으로 향할 때 드는 이동 시간, 식사 후 수업까지 남은 시간 등을 이야기하는 것이다. 자투리 시간 활용의 핵심은 '부담 없는 공부'이다.

쉬는 시간은 굉장히 짧다. 잠깐 화장실만 갔다 와도 금방 끝나버리고, 이동 수업이라도 있으면 쉬는 시간에 공부를 하는 것은 매우 어렵다. 그래서 나는 쉬는 시간에 무언가를 무조건 끝내야 한다고 결심하기보다는 그때그때 필요한 것을 끝내는 데 집중했다.

예를 들어 바로 전 시간 수업 중 궁금한 게 생겼다면 선생님께 질문하러 갔고, 어떨 때는 필기 내용을 보기 좋게 정리하는 데에도 시간을 썼다. '쉬는 시간을 잘 활용하자'라는 간단한 목표만 항상 가지고 있고, '어떻게' 활용할지는 당일의 상황에 따라 유동적으로 정하면 된다.

물론 수업을 듣느라 너무 피곤했다면 잠시 쉬는 것도 좋다. 컨디션 조절 또한 공부의 한 부분이다.

이동 시간에는 간단하게 읽을 수 있는 자료를 준비하는 것을 추천한다. 예를 들어, 국어 소설 줄거리를 외워야 할 때 나는 몇몇 소설의 줄거리를 정리한 후 급식실에 갈 때나 버스 등에서 계속 읽었다. 문제를 푸는 등 손을 쓰거나 사고력이 요구되는 공부는 이동할 때 하기에 집중이 잘 안 되기 때문에 부담 없이 읽을 수 있는 이야기를 준비한 것이다.

수능이 다가왔을 때는 EBS 영어 연계교재 내에서 중요한 지문 몇 개를 뽑아 이동하면서 읽었다. 이미 분석과 내용 파악을 여러 번 한 지문이기 때문에 가볍게 읽을 수 있었다.

쉬는 시간이나 이동 시간에 많은 공부를 하려고 하면 완벽하게 해내지도 못할뿐더러 오히려 스트레스를 받게 된다. 부담 없이 가볍게 자투리 시간을 활용하고 본 공부 시간에 온전히 집중하는 것이 공부 균형을 위해 바람직하다.

Chapter 10

입시 성공을 위한
전략을 세워라

★★★

모의고사 점수에
휘둘리지 마라

수험생이 되면 1년에 수많은 모의고사를 보게 된다. 평가원에서 출제하는 6월 모의고사와 9월 모의고사는 물론이고, 각 지역 교육청에서 출제하는 3월, 4월, 7월, 10월 모의고사에, 여러 가지 사설 모의고사까지 풀게 된다. 그렇다면 이 많은 모의고사는 대체 왜 보는 걸까? 평가원은 수능 모의평가의 목적을 "수험생에게 새로운 문항 유형과 수준에 대한 적응 기회 제공"이라고 설명했다.

하지만 모의고사는 단순히 신유형을 파악하는 용도가 아니다. 모의고사는 그동안 자신이 얼마나 공부를 잘 해왔는지 일종의 확인을 하는 시험이다. 실제 수능과 같은 시간대에 시험을 보면서 시간 조절을 해보는 연습의 기회도 된다. 모의고사를 한 번 보고 나온 점수를 바탕으로 자신의 희망 대학과 학과에 지원할 수 있는지 분석하고, 앞으로 무얼 더 공부해야 할지 결정하는 이정표로 삼기도 한다.

사람마다 모의고사에 두는 의미가 다를 것이다. 나는 모의고사에서 틀린 문제 하나하나와 풀이 과정에는 의미를 두되, 점수에는 큰 의미를 두지 않을 것을 추천한다. 앞서 '오답 노트는 일기처럼 써라'에서 언급했듯이, 자신이 시험을 보는 순간에 그 틀린 문제를 어떻게 풀었는지 느낌을 하나하나 적어가면서 복습해야 한다. 또 시험 해설 강의를 쭉 보면서 자신의 풀이와 모범 풀이가 어디가 다르고 무엇이 나은지 비교하는 과정도 꼭 거쳐야 한다. 여기까지 했다면 점수는 결코 중요하지 않다.

모의고사는 '모의'고사니까

수능을 준비하는 학생이라면 선생님, 부모님, 주변 사람들에게 이런 말을 한 번쯤 들어보았을 것이다.

"평소에 보는 모의고사보다 수능을 더 잘 보는 건 거의 불가능한 일이다."

아예 틀린 말은 아니다. 아무리 모의고사로 수능장 분위기에 익숙해져 보려고 해도 실제 수능장의 긴장감을 느낄 수는 없다. 낯선 선생님들과 모르는 학생들이 주변에 있고 각자 느끼는 부담감도 모두 달라서 수능에서는 평소 잘하던 학생도 실력을 온전히 발휘하기 힘들다. 내가 실제로 겪어본 수능장 분위기는 그랬다.

그래서 학생들은 평소에 보는 모의고사에서 점수를 조금이라도 끌어올리려고 고군분투하고, 점수가 조금이라도 떨어지거나 원하는 만큼 오르지 않으면 매우 우울해하기도 한다. 그런 만큼 모의고사 점수 때문에 슬럼프가 찾아오는 일도 흔하다.

그러나 사람들이 흔히 하는 이 말은 여전히 '가능성'일 뿐이다. 나는 그 어떤 모의고사에서도 전 과목 만점을 받아본 적이 없다. 즉, 나는 '평소에 보는 모의고사보다 수능을 더 잘 본 학생'인 것이다. 아래 그래프는 나의 6월, 9월 모의고사와 수능의 표준점수를 나타낸 것이다. 물론 중간중간 본 교육청 모의고사도 있지만, 평가원에서 출제한 시험만 놓고 본다면 내 점수는 깔끔한 상승 곡선이다.

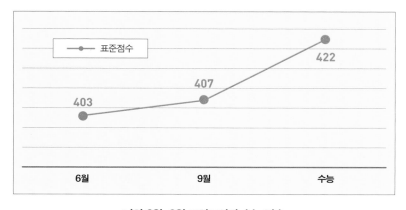

나의 6월, 9월 모의고사와 수능 점수

내 6월 모의고사 성적은 꽤나 엉망이었다. 불과 몇 달 전에 본 3월과 4월 모의고사 성적이 생각보다 좋았기 때문에 6월 모의고사를 딱히 준비하지 않았고, 제일 자신 있었던 수학 외에는 점수가 많이 실망스러웠다. 특히 한국지리 과목에서는 무려 4등급을 받았고, 국어와 사회문화 과목은 등급 컷에 정확히 걸려 턱걸이로 겨우 1등급을 유지했다. 확실히 잘 본 시험은 아니었다.

하지만 내가 이때 6월 모의고사 점수를 보고 좌절하여 슬럼프에 빠지고, 나는 수능에서도 이 정도 점수밖에 받지 못할 거라고 생각했다면 실제 수능에서 좋은 성적을 받을 수 없었을 것이다. 조금 심란하긴 했지만 야간자율학습 시간에 친구 한 명과 모의고사 총평을 하고, 무슨 문제를 틀렸는지 서로 봐주고 수다도 떨었다. 2시간 정도 스트레스를 풀고 나니 오히려 담담해졌다.

그 후에 수능 인터넷 강의 사이트에서 제공하는 모의고사 점수 분석 시스템을 이용하여 내 위치를 확인했다. 예상한 대로 내가 원하는 대학에는 턱없이 모자라는 성적이었다. 어느 과목에서 몇 문제를 더 맞아야 하는지 가늠해보았고, 내신이 끝난 후 여름방학 때부터 무엇을 더 공부해야 하는지 대략적인 로드맵을 짜놓았다.

덕분에 9월에는 성적이 많이 올랐다. 6월 모의고사보다 9월 모의고사가 상대적으로 쉬워서 표준점수상으로 큰 차이는 없었지만, 4등급이었던 한국지리 과목 점수를 48점, 1등급으로 올렸고 사회문화 과목은 50점 만점을 받았다. 국어도 실력이 늘어 100점은 아니었지만 나름 안정적인 1등급 점수를 받았다. 점수 분석 시스템을 다시 이용해보니 이번에는 원하는 대학의 원하는 학과에 충분히 지원할 수 있다는 결과가 나왔다.

하지만 이때 또 내가 자만하여 공부를 소홀히 했다면 수능에서 더 좋은 결과를 받지 못했을 것이다. '수미잡'이라는 말을 들어본 적이 있을 것이다. '수능 미만 잡'의 줄임말로, '아무리 모의고사를 망치거나 잘 봐도 결국은 수능이 모든 것을 결정한다'는 뜻으로 자주 쓰인다. 모의고사를 잘 봤든 못 봤든 점수 하나하나에 연연하는 것은 전혀 생산적이지 않다.

수능을 준비할 때는 점수에 휘둘리는 삶을 살아서는 안 된다. 점수가 낮게 나오면 개선의 기회로 삼고, 점수가 높게 나오면 잠깐 동안 그 뿌듯함을 느낀 뒤 바로 원래 하던 공부로 돌아가는 것이 좋다.

'시험을 보는 나'를 알아가는 기회

모의고사는 결과에 주목하기보다는 시험을 볼 때 어떤 불편한 점이 있고 무엇 때문에 집중이 안 되는지를 찾는 기회로 삼아야 한다. 나는 수능장에 자세 교정 방석, 손수건, 습진 연고, 텀블러, 배탈 약, 귀마개 등 정말 많은 물건을 가져갔다. 1년 동안 모의고사를 보면서 여러 시행착오를 겪었고, 수능에서는 똑같은 불편함을 경험하지 않기 위해 모든 가능성에 대비한 것이다.

오래 앉아 있으면 허리가 아파서 자세 교정 방석을 준비해 갔다. 6월 모의고사 수학 시험을 볼 때 손에 땀이 너무 나서 연필로 쓴 풀이가 지워진 적이 있어서 수능 날에는 손수건을 미리 준비해 땀을 닦아가면서 시험을 봤다. 습진 때문에 손이 간지러워서 쉬는 시간마다 연고를 발랐고, 히터 때문에 입안이 계속 말라서 텀블러에 물을 담아가 틈틈이 마셨다.

긴장하거나 스트레스를 받으면 배가 아파서 아침과 점심 식사 후 배탈 약을 먹었고, 귀마개를 쓰는 걸 잊어버렸다가 모의고사를 망친 기억이 있어서 귀마개 3쌍을 들고 갔다. 또 평소에 공부할 때 청포도를 먹었는데, 수능장에도 청포도를 가져가서 최대한 수능장에 대한 이질감을 해소하려고 노력했다.

유난이라고 생각할 수도 있다. 하지만 수능 날에는 무슨 일이 일어날지 모른다. 모의고사 때 어떤 문제를 겪었다면, 수능 당일에 그 문제가 다시 일어날 가능성은 충분하므로 그것만 예방해도 성공이다.

수험생활 후반부로 갈수록 모의고사 환경을 최대한 수능 환경과 비슷하게 만들기 위한 노력이 필요하다. 그러므로 모의고사를 일종의 실험이라고 생각하라.

예를 들어, 나는 9월 모의고사 때 혼자서 점심 도시락 연습을 했다. 다른 친구들은 모두 급식실에 가서 점심을 먹었지만, 나는 개인적으로 챙겨온 도시락에 아침 급식을 담아 와 점심에 혼자 교실에 남아 식사를 했다. 급식을 먹는 것보다 시간이 덜 걸려서 빠르게 먹고 다음 교시 과목을 공부할 수 있었고, 마지막 평가원 모의고사를 최대한 실전처럼 봤다는 자체가 의미 있었다.

수능 전날 얼마나 자야 할지 모르겠다면 한 모의고사 전날에는 푹 자보고, 한 모의고사는 밤을 새워보면서 나에게 맞는 리듬을 찾아보면 좋다. 모의고사는 어차피 점수가 중요한 시험이 아니다. 수능을 위해 모의고사를 이용한다고 생각하라. 귀마개도 써보고, 자신에게 연필이 맞는지 샤프가 맞는지 바꿔가면서 파악해보라.

수능 당일의 변수를 줄이기 위해 모의고사에서 할 수 있는 연습을 모두 해보아야 한다. 모의고사는 그런 의미에서 중요하다.

★★★
수시와 정시,
선택의 기회를 최대한 넓혀라

나는 고등학교 3학년이 되기 전까지 수능으로 대학교에 가겠다는 생각을 하지 않았다. 열심히 내신 공부를 하고 동아리나 봉사 등 교과외 활동을 챙기면서 수시 위주로 대학 입시를 준비했다. 수시 전형은 내가 중간고사나 기말고사 한 번을 못 보더라도 다시 내신을 올릴 기회가 있고, 진로가 바뀌면 그 방향대로 활동을 수정할 수 있기 때문에 나의 노력을 드러내기 좋다고 생각했다.

무엇보다 그전까지 '수능형' 공부를 제대로 해본 적도 없을뿐더러, 한 번의 시험만으로 대학교가 결정된다는 게 너무 위험 부담이 크다고 생각했다. 꾸준히 열심히 하던 사람이더라도 그날의 컨디션 때문에 시험을 망칠 수도 있기 때문에 수능이라는 시험 자체의 정당성에 의구심을 품고는 했다.

그래서 수능 준비를 늦게 시작했다. 수능 기출문제를 제대로 처음 풀어본 게 3학년 올라가는 겨울방학 때였다. 그때도 정시 전형을 위해 수능을 공부한다기보다는 수시 중 최저 등급 기준이 있는 전형을 대비하기 위해 수능을 공부했다. 수시 전형으로 어느 대학이든 붙을 거라는 막연한 기대가 있었기 때문이기도 했다.

수시와 정시 그 무엇도 놓지 말자

지금 돌아보면 다 터무니없는 걱정이었다. 수시 전형 또한 불안정한 것은 매한가지이다. 대학교마다 명확한 평가 기준을 제시하지 않으니 학생들 입장에서는 무엇을 준비해야 할지 확실하지 않고, 내신과 생활기록부 둘 다 챙기는 것이 생각보다 힘들다.

아무리 좋은 스펙을 마련하고 힘들게 면접 준비를 한다고 해도 아무도 수시 전형에서 합격을 보장할 수 없다. 입학사정관은 학생의 생활기록부와 자기소개서를 보고 그 학생의 3년 생활을 판단할 뿐, 생활기록부 이면에서 학생이 어떤 노력을 했는지는 알 수 없기 때문이다. 그래서 나는 수시를 준비하는 과정에서 굉장히 불안했다. 내가 아무리 열심히 해도 나의 스펙이 내가 지원한 대학교가 추구하는 인재상에 맞지 않으면 떨어질 수 있기 때문이다.

게다가 정말 사소한 이유이기는 하지만 나는 면접을 정말 싫어했다. 이해하기도 어려운 지문을 읽고 짧은 시간 안에 문제를 풀어서 논리적으로 내 의견을 말하기까지 해야 한다. 면접 연습만 하면 긴장되고 나 자신이 말을 너무 못하는 것 같아 스트레스를 많이 받았다. 그래서 처음으로 '수능으로 대학 가고 싶다'는 생각을 했다. 이때까지만 해도 막연한 소원이었을 뿐 절대 이룰 수 있을 거라고는 생각하지 않았다.

그런데 모의고사를 몇 번 보고 수능형 공부를 하면서 정시 전형으로 대학교에 합격하고 싶다는 불가능해 보이던 꿈의 가능성이 서서히 높아졌다. 여름방학 때 하루 종일 수능 기출문제 공부에 매달렸고, 2학기 때 수시와 정시 전형을 동시에 준비하면서 내 모의고사 성적은 서울대 하위 과를 아슬아슬하게 갈 수 있는 수준까지 올라갔다.

수험생들 사이에서 '수시 파이터' 혹은 '정시 파이터'라는 말이 정말 많이 쓰인다. 전자는 수시에 올인한 사람, 후자는 정시에 올인한 사람을 가리킨다. 물론 지금 당장 생각하기에는 자신이 수시 혹은 정시 한 전형에서만 가능성이 있어 보일 수 있다. 나 또한 진성 '수시 파이터'였기 때문에 그 심정을 이해한다.

하지만 끝까지 해보지 않고 수시나 정시 하나만 준비하는 것은 오히려 다른 한 전형으로 합격할 수 있는 가능성과 자신의 잠재력을 아예 무시하는 것일 수 있다. 수시와 정시를 동시에 준비한다면 시간과 노력이 분산될 거라고 생각하는 학생도 있을 것이다.

하지만 수시에서 정시로 급격히 노선을 변경해본 사람으로서, 나는 수시와 정시를 병행하는 것이 크게 힘들다고 생각하지 않는다. 수시를 준비하면서 내신 공부를 열심히 했다면, 그 습관을 유지하여 정시 공부를 하면 된다. 결국 내신과 수능 모두 누가 책상에 오래 앉아 있느냐의 싸움이기 때문에 내신을 준비하던 관성으로 수능을 준비하면 된다.

학생들은 보통 수시 전형에서 소위 '보험' 카드를 하나씩 쓴다. 자신의 내신 성적으로 안전하게 붙을 수 있는 대학교를 하나 정도 지원한다는 뜻이다. 그런데 이게 진짜 '보험', 즉 진짜 지원만 하면 무조건 붙을 수 있는 곳이냐고 물어보면 그건 또 아니다. 수시와 정시를 함께 준비해야 하는 또 다른 이유가 바로 이것이다.

수시 전형은 안정적으로 합격할 수 있는 대학교라고 생각한 곳에서도 날 받아주지 않을 수 있다. 수시 전형으로 지원한 6개의 대학교 중 아무 곳에서도 받아주지 않으면 난 갈 대학교가 없어진다. 이런 상황을 대비하기 위해 수능을 보아야 한다. 설사 원하는 성적이 나오지 않더라도 수능 성적에 맞추어 대학교를 갈 수는 있다. 나처럼 수능 대박을 맞을지도 모르는 일이다.

선택은 개인의 몫이다. 하지만 누구든 선택의 기회는 최대한 넓혀 놓는 것이 좋다. 수시와 정시 모두를 준비하는 것이 부담되고 힘들겠지만, 꼭 수시 정시 둘 다 대비하여 모든 수험생들이 원하는 목표를 이루었으면 하는 바람이다.

☆☆☆

대입 전형을 알아야
준비할 게 보인다

대학교 입시에서 성공하려면 높은 내신 등급을 받고 생활기록부를 관리하고 수능 공부를 열심히 하는 것도 중요하지만, 대입 전형의 특징을 잘 알고 있는 것도 매우 중요하다. 공부를 아무리 잘해도 어느 대학교의 어느 전형으로 합격하기 위해서 뭘 준비해야 하는지 모른다면 원하는 대학에서 한 걸음 멀어지게 된다.

그래서 대학교 입시를 잘 치루기 위해 기본적으로 알아야 하는 개념과 내가 3년간 대학교 입시를 준비하면서 알아낸 여러 팁을 공유하고자 한다. 자신이 어느 학교의 어느 전형으로 지원해야 할지 결정하는 데 이 내용이 도움이 되기를 바란다.

대학교는 원하는 만큼 지원할 수 있을까?

수시 전형과 정시 전형 모두 지원할 수 있는 대학교 수가 정해져 있다. 이걸 소위 '카드'라고 한다. 서울대학교 사회학과에 일반전형으로 지원했다면, '서울대학교 일반전형에 수시 카드 한 장을 썼다'라는 식으로 많이 얘기한다.

수시 카드 6개	**수험생은 한 해에 총 6개의 수시 전형에 지원할 수 있다.** 사관학교나 카이스트, 유니스트 등 몇몇 국립대학 지원은 이 6장의 카드에서 제외된다. 아무리 같은 대학교 같은 학과에 지원하더라도 지원 전형이 다르다면 여러 개의 수시 카드를 사용한 것으로 간주한다. 예) 고려대학교 정치외교학과 특기자 전형, 고려대학교 정치외교학과 일반전형, 공군사관학교 = 수시 카드 2개
정시 카드 3개	**수능 성적으로 판가름 나는 정시 전형에는 최대 3개 대학교에 지원할 수 있다.** 수시와 달리 정시에서는 내가 임의로 3개 대학교를 고를 수 없다. 전국의 대학교가 가군, 나군, 다군으로 나뉘어 제시되기 때문에 가군으로 분류된 대학교 하나, 나군으로 분류된 대학교 하나, 다군으로 분류된 대학교 하나 이렇게 지원할 수 있다. 예) 연세대학교와 고려대학교는 모두 나군으로 분류되어 있어 정시 전형에서 두 학교에 동시 지원할 수 없다.

수시 vs 정시, 내 위치 파악하는 방법

내가 원하는 대학교에 모두 지원할 수 없기 때문에 제대로 된 입시 전략을 세워야 한다. 수시 카드 6장을 모두 상향 지원하는 위험한 선택을 해서도 안 되고, 불안하다고 해서 카드 6장을 모두 '보험'에 몰아넣을 수는 없다. 내 수준을 정확히 파악하고, 소신 지원과 안전 지원에 내가 쓸 수 있는 카드를 적당히 분배해야 한다. 보통은 카드 1~2개는 소신 상향 지원, 2~3개는 안전 지원, 1~2개는 보험으로 들어놓는 경우가 많다.

수시 전형과 정시 전형에서 자신의 위치를 확인할 수 있는 방법은 다음과 같다.

수시	**내가 전교생 중에서 내신 성적으로 몇 등 정도 하는지, 나보다 등수가 높은 친구 중 나와 지원하는 대학교와 학과가 겹치는 친구가 있는지 파악한다.** 같은 고등학교에서 같은 대학 같은 전형 같은 학과에 여러 명이 지원한다면, 대부분 내신 순서대로 불합격할 가능성이 높다. 여러 명이 다 합격하는 경우도 간혹 있지만, 자신이 내신이 낮은 쪽이라면 굳이 모험을 하지 않는 것이 좋다. 나도 고려대학교 특기자 전형에 지원할 때, 나보다 내신이 높은 친구가 나와 같은 학과를 지원한다는 것을 진로 선생님께 전해 듣고 학과를 바꿔서 지원했다.

수시	**나의 생활기록부 상황(글자 수, 봉사 시간, 자동봉진*과 세특** 내용 등), 목표 대학과 학과를 확실히 파악한다.** 앞서 말했듯 나보다 내신이 높은 친구가 나와 같은 학과로 지원한다든가, 내신 등급이 너무 떨어져서 원래 목표대로 지원하기 어려워지는 상황이 생길 수도 있다. 나도 3학년 1학기 내신이 역대 최저가 나와서 서울대학교에 수시 지원할 때 학과를 낮춰야 했다. 따라서 자신의 생활기록부를 꼼꼼히 읽어보고, 이 내용으로 어느 학과를 지원할 수 있는지 미리 생각해봐야 한다. ＊ 자동봉진: 생활기록부의 '자율활동, 동아리활동, 봉사활동, 진로활동' 칸을 통틀어 부르는 말. ＊＊ 세특: '세부능력 특기사항' 칸을 줄여서 부르는 말. 특정 과목에서 학생이 어떤 활동을 하고 어떤 탐구를 했는지 각 과목 선생님이 적어주는 부분. **내가 다니는 고등학교 선배 중 나와 비슷한 상황이었던 선배가 있는지 찾아보고, 그 선배가 어느 대학 어느 전형에 지원하고 합격했는지 파악한다.** 보통 선생님들께 여쭤보면 알려주시고, 직접 선배들에게 연락해서 여쭤보는 방법도 있다. 하지만 이건 '선례'에 불과하므로 참고 수준으로 사용하기를 바란다. 나와 비슷한 어떤 선배가 모든 전형에서 합격했다는 말을 듣고 똑같은 대학 똑같은 전형에 지원해도 완전히 똑같은 결과가 나올 가능성은 거의 없다.
정시	**교육청이나 평가원 모의고사를 보면 반드시 채점한다.** 대부분의 채점 사이트에서는 모의고사를 채점하면 그 점수로 어느 대학교 어느 전형에 지원할 수 있는지 알려주는 모의 정시 지원 시뮬레이션을 제공한다. 자신이 전국 수험생 중 상위 약 몇 퍼센트에 속하는지, 특정 대학교에 합격하기 위해서는 어느 과목에서 몇 문제 정도 더 맞혀야 하는지 알 수 있다. 따라서 이후 공부 계획을 세우는 데에도 도움이 된다.

혹시 모를 수시 납치에 대비하라

"수시 전형으로 이미 합격하셨는데, 어떻게 정시 전형으로 서울대학교에 합격하셨나요?"

학생들에게 굉장히 자주 받았던 질문이다. 수시 전형을 위해서 학교 내신과 생활기록부를 열심히 관리했고, 자기소개서도 적었다. 내가 쓸 수 있는 '수시 카드' 6개 중 5개를 사용해서 수시 원서 접수를 했고, 5개 중 4개의 전형에서 서류 합격했다. 그러므로 표현을 고치자면, '수시 전형에 합격'한 것이 아니라 '수시 전형 1차에서 합격'했다고 해야 한다.

내가 정시 전형으로 합격할 수 있었던 건 2차 면접 전형에 모두 불참했기 때문이다. 이는 수시 납치를 막기 위해서였다. 현재 우리나라 대학교 입시에는 수시와 정시 두 가지 종류가 있다. 만약 수시에서 단 한 전형이라도 합격한다면 정시 전형으로는 대학교 지원이 불가하다. 입학 포기를 하거나 등록금을 내지 않는 등의 방법도 통하지 않는다. 수시 납치는 이런 입시 구조 때문에 매년 생기는 현상이다. 수능을 매우 잘 봤더라도 이미 수시에서 합격한 학교가 있다면 수능 점수는 대입에서 사용할 수 없다.

예를 들어, 한 학생이 고려대학교에 수시 전형으로 이미 합격한 상태에서 수능을 봤는데 만점이 나왔다고 가정하자. 이 학생은 만점이기 때문에 통계상으로는 충분히 서울대학교에 지원하면 합격하겠지만, 이미 고려대학교에 수시 전형으로 합격했기 때문에 서울대학교에 지원해서 합격해도 부정 입학 처리된다.

따라서 수시 전형과 정시 전형을 분리하여 생각해서는 안 된다. 게다가 몇몇 수시 전형은 수능 최저 등급을 필요로 한다. 혹시 자신이 수시 납치될까 두렵다면, 단계가 있는 전형 위주로 지원하는 것이 좋다. 보통 1차는 서류, 2차는 면접인데, 서류 단계에서 합격했더라도 2차 면접을 가지 않으면 자동 불합격 처리된다. 내가 4개의 수시 전형에서 1차 합격했지만 정시로 서울대학교에 지원할 수 있었던 것도, 4개 모두 면접에 가지 않아 모두 불합격 처리되었기 때문이다.

몇몇 대학교에서는 서류 자료인 생활기록부와 자기소개서만 심사하여 합격 불합격이 결정되기 때문에 한 번 지원하면 접수를 취소할 방법이 없다. 이 전형에서 합격하면 정시에 지원할 수가 없다.

이 책을 쓰는 데 무려 1년이 걸렸습니다. 소재를 떠올리고 그걸 글로 풀어내는 일은 아무나 하는 게 아니라는 걸 뼈저리게 느꼈어요. 제 이름으로 된 책을 출간하는 게 버킷리스트 중 하나였는데, 스물한 살이라는 이른 나이에 꿈을 이룰 수 있게 되어 감회가 새롭습니다. 이제까지는 제 인생 최대의 결과물이 수능 만점이었는데, 책 출간이라는 더 큰 성과가 추가된 느낌이네요.

짧은 소감을 마치고, 소중한 사람들에게 감사 인사를 전하기 위해 남은 지면을 쓰려고 합니다. 우선 제가 마음 부여잡고 글을 쓸 수 있게 옆에서 계속 도와주신 비에이블 출판사에 너무 감사드립니다. 또 지금까지 저를 믿어주시고 무한한 지원을 해주시는 우리 부모님 김정효, 홍인식 두 분도 너무 고마워요.

초등학교, 중학교 때부터 단짝이었던 고현, 나혜원, 정유빈, 한예솔 4명 모두 고마워. 항상 내 길을 응원해주고 힘든 일 있을 때마다 공감해주고 위로해줘서 학창 시절 잘 보내고 마무리할 수 있었던 것 같아.

고등학교 시절 언제나 함께였던 청심국제고등학교 12기 국내반 친구들 다들 보고 싶고 많이 고마워. 특히 청심 생활의 기둥이 되어주었던 소울메이트 유소민, 소중한 추억이 너무나 많은 마지막 룸메이트 정예담, 넘치는 밝은 에너지로 날 웃게 해준 김소민, 항상 너무 착하고 따스한 친구 이지이에게 감사의 마음을 보낸다. 승윤이, 주현이, 은우, 지수, 하정이도 다들 고맙다는 말로 부족할 정도로 나에겐 과분한 친구들이야. 너희들과 친구라는 게 기뻐. 내가 힘들 때 많은 힘이 되어준 강지우, 김영준, 윤승혁 다들 너무 고맙다.

공부 열심히 할 수 있게 이끌어주신 선생님들께도 감사드려요. 3년 내내 챙겨주시고 믿어주신 김민경 선생님, 가장 힘들 때 채근하지 않고 다독여주셨던 최윤경 선생님, 담임 반 학생이 아니었는데도 잘 챙겨주신 박민아 선생님 감사합니다. 또 자퇴를 생각할 정도로 힘들었던 1학년 잘 마무리할 수 있게 도와주신 이근정 선생님, 잊을 수 없는 2학년 추억을 만들어주신 권도연 선생님, 대학교 입시할 때 진심 어린 조언해주신 정지만 선생님, 언제나 저 믿는다고 응원해주신 이명진 선생님 감사합니다. 고등학교 2학년 때 방황하던 저에게 뼈 있는 조언을 해주셨던 홍창준 선생님, 항상 장난치고 뺀질거리는 학생이었는데도 저를 좋아해주시고 챙겨주신 김은경 선생님, 3학년 때 재미있는 추억 쌓게 해주신 고창언 선생님 감사합니다.

이 밖에도 저에게 마음 써주시고 도와주셨던 분들께 모두 감사합니다. 다 쓰고 나니 무슨 수상 소감 같이 기네요. 그만큼 많은 분들의 도움이 있었기에 지금의 제가 있는 거라고 생각합니다. 잊지 않겠습니다.

1페이지 공부법

2021년 2월 19일 초판 1쇄 | 2024년 10월 28일 12쇄 발행

지은이 홍민영
펴낸이 이원주 **경영고문** 박시형

기획개발실 강소라, 김유경, 강동욱, 박인애, 류지혜, 이채은, 조아라, 최연서, 고정용
마케팅실 양근모, 권금숙, 양봉호, 이도경 **온라인홍보팀** 신하은, 현나래, 최혜빈
디자인실 진미나, 윤민지, 정은예 **디지털콘텐츠팀** 최은정 **해외기획팀** 우정민, 배혜림
경영지원실 홍성택, 강신우, 김현우, 이윤재 **제작팀** 이진영
펴낸곳 비에이블 **출판신고** 2006년 9월 25일 제406-2006-000210호
주소 서울시 마포구 월드컵북로 396 누리꿈스퀘어 비즈니스타워 18층
전화 02-6712-9800 **팩스** 02-6712-9810 **이메일** info@smpk.kr

ⓒ 홍민영(저작권자와 맺은 특약에 따라 검인을 생략합니다)
ISBN 979-11-90931-35-9 (13370)

쌤앤파커스(Sam&Parkers)는 독자 여러분의 책에 관한 아이디어와 원고 투고를 설레는 마음으로 기다리고 있습니다. 책으로 엮기를 원하는 아이디어가 있으신 분은 이메일 book@smpk.kr로 간단한 개요와 취지, 연락처 등을 보내주세요. 머뭇거리지 말고 문을 두드리세요. 길이 열립니다.